Richard Ramsbotham

Jakob I. (1566–1625) – Inspirator von Shakespeare und Bacon
Ein Beitrag zur Autorschaftsdebatte um Shakespeare

Richard Ramsbotham

Jakob I. (1566–1625) – Inspirator von Shakespeare und Bacon

Ein Beitrag zur Autorschaftsdebatte um Shakespeare

PERSEUS VERLAG BASEL

Die «Europäer-Schriftenreihe» wurde begründet durch
Andreas Bracher, Thomas Meyer und Christoph Podak

Band 17

Die englische Originalausgabe erschien unter dem Titel
Who Wrote Bacon?
William Shakespeare, Francis Bacon and James I –
A mystery for the Twenty-first century
Temple Lodge, London 2004
Die deutsche Übersetzung wurde besorgt durch
Helga Paul, Ingrid Paul und Thomas Meyer

Die Publikation dieses Werkes
wurde unterstützt durch den Perseus Förderverein

CIP-Kurztitelaufnahme der Deutschen Bibliothek
Richard Ramsbotham:
Jakob I. (1566–1625) – Inspirator von
Shakespeare und Bacon
Ein Beitrag zur Autorschaftsdebatte um Shakespeare
Richard Ramsbotham. –
Europäer-Schriftenreihe, Band 17
Basel: Perseus Verlag 2008
ISBN 3-907564-47-2

© Perseus Verlag Basel
1. Auflage 2008

Korrektorat: Urs Pablo Meyer, Jávea
Druck: fgb · freiburger graphische betriebe

Inhalt

Vorwort zur deutschen Ausgabe 7

Einführung 11

1. Shakespeare, der Schauspieler 19

2. Jakob I. – ein «ziemlich lästiger Patron» 28

3. Spuren bei Bacon und Shakespeare 52

4. Wer schrieb Bacon? 63

5. Großbritanniens Salomo 82

6. Versuch einer Neubewertung von Jakob I. 95

7. Shakespeare – der «Chormeister» 130

Anmerkungen 135

Bibliographie 163

Nachweis der Abbildungen 167

Danksagung 169

Zum Autor 170

Nachwort des Autors zur deutschen Ausgabe 171

Vorwort zur deutschen Ausgabe

Dieses Buch wirft entscheidendes Licht auf die jahrhundertealte Debatte, ob William Shakespeare (1564–1616) wirklich die Werke geschrieben hat, die seinen Namen tragen. Im Laufe der Untersuchung zeigt sich, dass diese Frage keineswegs nur von literar-historischer Bedeutung ist. Es kristallisieren sich um sie zwei geistige Strömungen oder Tendenzen von weltgeschichtlicher Tragweite: die Vertreter der einen Strömung sehen in der kulturellen Verbindung zwischen Mitteleuropa und dem angloamerikanischen Westen etwas Natürlich-Befruchtendes und auch für die künftige Menschheitsentwicklung Notwendiges; die der anderen streben danach, die kulturell-spirituellen Leistungen Mitteleuropas entweder zu verleugnen oder als «westlich» auszugeben. Die Vertreter der letzteren Richtung versuchen Shakespeare durch Francis Bacon (1561–1626) oder andere englische Autor-Kandidaten zu ersetzen; die der erstgenannten sehen in ihm einen inspirierten Geist der kulturellen Brückenbildung zwischen dem Westen und Mitteleuropa. Die eine Ansicht ist der Ausdruck eines Willens zur globalen Macht; die andere hat Wahrheitswurzeln, die in diesem Buche aufgedeckt werden.

Die Frage, *wer* Shakespeare im Konkreten inspirierte, steht im Mittelpunkt von Richard Ramsbothams Arbeit. Zahlreiche Schüler Rudolf Steiners (1861–1925) haben, mit Ausnahme von Friedrich Hiebel, diese Frage voreilig mit dem Hinweis auf die große Gestalt von Christian Rosenkreutz beantwortet. Rudolf Steiner macht dagegen klar, dass nur eine einzige Individualität als Inspirator unmittelbar in Betracht kommt: der schottisch-englische Monarch, Gelehrte und Vater der *King James Bible* Jakob I. (1566–1625), so unwahrscheinlich oder schwer verständlich das zunächst erscheinen mag. Die Art, wie Steiner diese Tatsache über rund zehn Jahre hinweg nur jeweils fragmentweise zur Sprache bringt, verleiht seiner Behandlung dieser Frage den Charakter eines «offenbaren Geheimnisses».

Das Inspirationsgeheimnis hinter Shakespeare ist komplex, wie es auch die Persönlichkeit von König Jakob ist. Nichts leichter, als Jakob zu verkennen, indem man nur bestimmte, tatsächlich vorhandene Seiten seines Charakters und seiner Taten hervorhebt und andere umso gründlicher übersieht. Es ist gewiss kein Zufall und auch keine Willkür, wenn Steiner diesen tief reichenden Fragenkomplex in zugleich offenbarender wie verhüllender Weise dargestellt hat. Er wollte zu einem aktiven, differenzierten und selbständigen Umgang mit diesen Fragen anregen.

Eine noch tiefere Vorstellung von der Bedeutung der Individualität von Jakob I. erhält man, wenn man im Laufe der Darstellung von Steiners Hinweisen erfährt, dass Jakob nicht nur Shakespeare, sondern auch Bacon, Jakob Böhme (1575–1624) und den heute weniger bekannten jesuitischen Dichter Jakobus Balde (1604–1668) inspiriert hat. Das zeigt die Spannweite dieses bedeutenden Geistes, und es zeigt, dass er für die Verbindung von britischem und mitteleuropäischem Geistesleben gewirkt hat wie wenige andere Geister der Neuzeit.

Das große Verdienst dieses Buches besteht darin, Steiners Forschungsresultate über Shakespeares Inspirationshintergrund und über König Jakob durch ein differenziertes Vorgehen klar herauszuarbeiten; ferner auch darin, nebst aufschlussreichen Bezügen zu Shakespeares Stücken eine Fülle von historischen Belegen für die oft rätselhaften Querverbindungen zwischen Bacon, Jakob und Shakespeare und deren ganzem Umkreis anzuführen, Querverbindungen, die erst wirklich verständlich werden können, wenn sie im Lichte von Steiners Forschung betrachtet werden.

Hinter der Autorschaftsdebatte steht in Wahrheit ein Geisteskampf. Die eine Art von Geistigkeit gruppiert sich um Bacon und die Dämonen-Idole, die sein Wirken erzeugt hat und die bis heute, eine einseitig materialistische Welt- und Geschichtsbetrachtung fördernd, weiter wirken.* Die andere Art von Geistigkeit hat ihren Fokus in der Individualität Rudolf Steiners, der die Einseitigkeit und die Verwirrung in der Autorschaftsdebatte, die gerade zu Beginn dieses Jahrtausends in England erneut hochlebt, schon vor fast hundert Jahren im Hinblick auf die hier berührten, viel tieferen Fragen untersucht und geklärt hat.

Die Komplexität der in diesem Buch behandelten Fragen erfordert ein differenziertes, sich an tatsächlichen Aussagen orientierendes Vorgehen auch auf Seiten des Lesers. Die Jakob-Darstellungen können ihn dabei wie ein roter Faden durch das Labyrinth der Fragen führen. Auch wenn am Ende neue Fragen hervortreten. Zum Beispiel die Frage: Wie kommt Jakob I. dazu, zum Inspirator von so gegensätzlichen Geistern wie Shakespeare, Bacon, dem Mystiker Böhme und dem Jesuiten Balde zu werden? Vielleicht, um einmal in ferner Zukunft aus zunächst ganz gegensätzlichen Geistesströmungen eine höhere Synthese in die Wege zu leiten? Welches ist der karmische Hintergrund dieser bedeutenden Gestalt? Im Kapitel «Großbritanniens Salomo» wird der aufmerksame Leser wichtige Bausteine zur Beantwortung dieser Frage finden.

*

Nach dem Erscheinen der englischen Originalfassung gab es beachtenswerte, zum Teil scharf ablehnende Reaktionen. Der Autor beschreibt sie im Nachwort. Erstaunlich ist, dass sogar in gewissen anthroposophischen Kreisen die Verwirrungsnebel um die mit ganz anderen Fragen verbundene Autorschaftsfrage noch nicht völlig zerstreut sind. Möge die deutsche Ausgabe alle solchen Zweifel restlos beseitigen.

---

* Siehe dazu Rudolf Steiners Vortrag vom 27. August 1924, in GA 240.

Die Übersetzung dieses Buches war wegen der notwendigen Zitate und Anmerkungen eine Arbeit, die Geduld und Gründlichkeit erforderte. Für die Aufwendung von beidem sei Helga und Ingrid Paul herzlich gedankt.

Thomas Meyer

Einführung

Die Debatte über die Autorschaft von Shakespeares Werk läuft keineswegs Gefahr, wegen Bedeutungslosigkeit zu verblassen oder aus mangelndem Interesse in Vergessenheit zu geraten. Im Gegenteil, sie ist vielleicht nie stärker gewesen als heute. Die Anzahl der Menschen, die nicht mehr glauben, dass *Shakespeare* Shakespeare geschrieben hat, ist enorm gewachsen, ebenso die Vielzahl an Meinungen darüber, wer es nun wirklich tat. Im Jahr 2003 wurde in Shakespeares Globe Theatre unter dem Vorsitz von Mark Rylance die erste öffentliche Tagung des *Shakespearean Authorship Trust* («Shakespeare-Autorschaft-Vereinigung») abgehalten. Die vier Hauptredner brachen jeweils für einen anderen die Lanze: für William Shakespeare, Francis Bacon, den Earl of Oxford oder Christopher Marlowe.

John Michells Buch *Who Wrote Shakespeare?*[1] fand großen Anklang, wohl weil Michell in großzügiger und umfassender Art verschiedene Möglichkeiten offen ließ. Während früher kleinere Gruppen vehement für den einen oder anderen als Autor fochten, breitet John Michell, der niemanden begünstigt, vor unseren erstaunten Augen die ganze Palette von Meinungen aus. Michell erklärt sogar gegen Ende seines Buches: «Die Frage nach der Autorschaft ist so lehrreich und faszinierend, dass es eine Schande wäre, sie durch ein abschließendes Urteil einzugrenzen, statt die ganze Bandbreite ihres Mysteriums zu genießen!»[2] Er will anscheinend eine neue Phase in der Autorschaftsdebatte eröffnen – die schiere Freude an der Debatte, sozusagen um ihrer selbst willen und frei von dem Bedürfnis, je zu einer klaren Antwort zu kommen.

Michell selbst ist jedoch nicht völlig frei von diesem Bedürfnis nach Klärung, denn am Ende seines Buches überrascht er uns mit der Erklärung, dass er sich *fast* für Francis Bacon ausspreche: «Falls ein einzelner Geist und eine einzige Intention hinter Shakespeare stand, dann war es ganz sicher der feinsinnige, ungewöhnliche Geist und die praktische, idealistische Intention von Francis Bacon.»

Michell gibt zwar zu, dass es eindeutig Teile in Shakespeares Werk gibt, die Bacon *nicht* geschrieben haben kann, doch löst er das Problem, indem er schlicht behauptet: «Diejenigen, welche zu Shakespeares Werk beitrugen, wurden aus verschiedenen Gruppierungen und Richtungen rekrutiert.» Und in Michells Augen war nur eine einzige Person imstande, solch ein Projekt durchzuführen: «Im Zentrum aller Handlungen und Geheimnisse steht Francis Bacon (...) nur er hatte einen Plan zur universellen Aufklärung erträumen und in Bewegung setzen können, zum Teil mittels des Shakespearschen Dramas. Nur er hat diesen Plan in solcher Heimlichkeit durchführen können.»

Doch damit will sich Michell wiederum doch nicht begnügen; die letzten Worte seines Buches geben zu verstehen, dass das Rätsel hinter der Autorschaft von Shakespeare weiterhin ein Rätsel bleibt: «Ein vollkommenes Geheimnis, gefährlich wie eine Droge, doch sehr wohl wert, betrachtet zu werden.»[3] Ich muss gestehen, dass meine Haltung gegenüber diesem Problem eine ganz andere ist als die von Michell. Mir war letztendlich sehr daran gelegen, in dieser Frage Klarheit zu suchen und auch zu finden.

Dass *Bacon* Shakespeare geschrieben habe, hörte ich zum ersten Mal, als ich ungefähr elf Jahre alt war. Ich habe dies meiner Erinnerung nach damals einfach registriert, mehr nicht. Später hielt ich Vorlesungen im Fach Englisch in Cambridge und studierte Shakespeare, doch war er kein Spezialgebiet von mir. Als Dozent für englische Literatur an der Warschauer Universität hielt ich sogar Vorlesungen über Shakespeare, wiederum aber, ohne mich auf ihn zu spezialisieren. Zu keinem Zeitpunkt während dieser ungefähr zwanzig Jahre war die Frage *Wer schrieb Shakespeare?* für mich von Belang.

Doch im Jahre 1993 ereigneten sich zwei Dinge, die diese Haltung dramatisch veränderten.

Eines Tages empfand ich bei einer Vorlesung über W.B. Yeats plötzlich lebhaft, wie absurd es im Grunde ist, immer nur *über* Literatur sprechen zu müssen. Literatur muss aufgeführt und angehört werden. Wenn dies nicht geschieht, ist man in genau derselben Lage, wie wenn man immer nur über Mozart sprechen würde, ohne seine Musik je zu hören oder, noch besser, zu spielen. Ich gab deshalb die universitäre Arbeit auf, kehrte nach England zurück und absolvierte eine vierjährige Sprach- und Dramaausbildung.

Das andere war, dass ich eines Abends nach London ging und eine fast überwältigende, kraftvolle Aufführung von *Much Ado about Nothing* («Viel Lärm um nichts») erlebte. Es war die letzte Aufführung des Dramas, und nach dem letzten Vorhang sprach der Hauptdarsteller ein paar Worte zum Publikum. Er fing damit an, dass er den Leuten dankte, vor allem aber «dem Geiste Shakespeares, der anwesend war». Wie phantastisch dies auch erscheinen mag, dies war während des Abends genau mein Eindruck gewesen. Man kann sich deshalb wohl meine Irritation vorstellen, als ich im Programmheft entdeckte, dass «der Geist Shakespeares» für diesen Schauspieler fast sicher «der Geist von Francis Bacon» bedeutete. Ich konnte hinterher nicht nach Hause gehen, da mein Auto am Parkplatz zugeparkt war. So saß ich im Dunkeln mehrere Stunden lang in meinem Auto gefangen, was im Rückblick ganz passend erscheint. Diesem einzigen Abend – und der Frage, die er für mich aufwarf – verdanke ich die zehn Jahre währende Forschungstätigkeit, die zu diesem Buche führte.

Meine Forschung hat sich in drei Etappen vollzogen.

Zuerst konzentrierte ich mich vor allem auf Shakespeare und schrieb danach einen Artikel mit dem Titel «Auf der Suche nach William Shakespeare». Er wurde in der Zeitschrift *The Golden Blade* 1997 abgedruckt, vom Herausgeber mit der Überschrift «Shakespeare und das Weltenschicksal» versehen. Teile davon wurden in überarbeiteter Form in das erste Kapitel dieses Buches aufgenommen.

Erst durch diese Arbeit eröffnete sich mir eine ganz neue Sicht auf Shakespeare. Ich hatte von Rudolf Steiners Äußerungen über Shakespeare Kenntnis erhalten und für meinen Artikel viele von ihnen in verschiedenen entlegenen Zeitschriften ausgegraben. Unter diesen Äußerungen war jedoch *eine*, die ich, wenn ich sie überhaupt aufgenommen hatte, irgendwie ignoriert haben muss, da sie dem, was ich hören wollte, nicht entsprach: Steiner stellt unzweideutig fest, dass sowohl Bacon als auch Shakespeare von derselben Individualität inspiriert wurden, die von Steiner als ein «Eingeweihter» bezeichnet wird. Doch nennt Steiner den Namen dieser Persönlichkeit nicht. Diese Äußerung nahm meine Aufmerksamkeit immer mehr in Anspruch.

Ungefähr zur selben Zeit besuchte ich einen Vortrag von Sylvia Eckersley über die Autorschaft Shakespeares. Hinterher fragte der Publizist und Dozent Terry Boardman, ob es irgendeine Verbindung zwischen den Werken Shakespeares und einer bestimmten historischen Persönlichkeit gebe. Diese unscheinbare Frage löste eine ganze weitere Forschungsetappe bei mir aus – es wurden Geschichtsbücher konsultiert, Shakespeare erneut befragt und besonders alles untersucht, was Rudolf Steiner über diese Individualität zu sagen hatte. Eines Abends fiel es mir bei der Beschäftigung mit dieser Frage plötzlich wie Schuppen von den Augen: es war *ein und dieselbe* historische Persönlichkeit, in der Steiner den Inspirator sowohl von Shakespeare wie auch von Bacon sah. Ich forschte immer mehr nach, schließlich sprach ich auch in Vorträgen über die Sache, und an einem gewissen Punkt empfand ich es als notwendig, die Ergebnisse meiner Forschung niederzuschreiben. Diese finden sich im zweiten Kapitel.

Rudolf Steiner nannte seine Forschungstätigkeit Geisteswissenschaft – die Wissenschaft von der Welt des Geistes, die weder die Sinne noch der gewöhnliche Verstand wahrnehmen können. Steiner gibt die Methode an, mit der diese Welt dennoch wahrgenommen und erkannt werden kann, auf Wegen, die in gleichem, wenn nicht in noch höherem Maße wissenschaftliche sind als die der gewöhnlichen Sinneserkenntnis – der Wissenschaft von der Welt der Sinne. Während «Sinneserkenntnis» von Instrumenten abhängig ist, die größere Wahrnehmungsmöglichkeiten oder Berechnungen anstellen können, als unsere eigenen Sinne dies vermögen, hängt «Geisteswissenschaft» – oder übersinnliche Wissenschaft – von der Entwicklung unserer eigenen, in uns liegenden Möglichkeiten des Erkennens ab.

Steiner stellte kein Glaubenssystem auf, sondern ermutigte die Menschen, die Fähigkeiten zu entwickeln, die es ihnen ermöglichen, das, was er sagt, an der eigenen Erfahrung zu prüfen. Auch hielt er es nicht für notwendig, dass wir hellsichtig seien, bevor wir zu prüfen anfangen. Unsere gesunden Denk-, Wahrnehmungs- und Urteilskräfte reichen aus, um den Wahrheitsgehalt seiner Forschungsergebnisse zu prüfen. Steiner macht eine Analogie zu den Werken der Kunst. Auch wenn wir der Fähigkeit ermangeln, selbst große Kunstwerke zu schaffen, können wir diese doch erkennen und schätzen und sogar den Wahrheitsgehalt dessen, was durch sie ausgedrückt wird, untersuchen.

So kamen in der Tat viele Menschen dazu, in Steiners Forschung ein bestimmtes Vertrauen zu setzen. Dies setzt ohne Zweifel voraus, dass man mit den Ergebnissen dieser Forschung lebt und sie fortgesetzt an der eigenen Erfahrung und dem eigenen Urteil prüft. Doch wenn solche Menschen vielleicht über viele Jahre von Steiner nicht enttäuscht worden sind, sondern vielmehr haltbare Früchte gefunden haben, wie einem das mit jedem großen Künstler gehen kann, mit dem man innerlich viele Jahre gelebt hat – Shakespeare, Mozart oder van Gogh –, dann entwickelt sich ein gewisses Vertrauen zu Steiners Werk, ein gewisser direkter Zugang zu ihm, indem man sich schneller als früher dem, was es einem bieten kann, aufschließt.

Jemand, bei dem dies der Fall ist, der mag, wenn ihm einmal klar ist, was Steiner über das Thema, das dieses Buch behandelt, sagt, wohl ausreichend gerüstet sein, den entsprechenden Äußerungen zunächst dieselbe Unbefangenheit entgegenzubringen, die er auch seinen anderen Forschungsergebnissen entgegenbringt. Das Problem ist nur, dass es im Zusammenhang mit der Shakespearschen Autorschaftsfrage wegen der ganzen Natur des Gegenstandes sehr schwierig ist, sich darüber klarzuwerden, was Steiner *tatsächlich* sagt.

Ich hoffe, dass sich meine Anstrengungen, in dieser Frage zur Klarheit zu kommen – wie im zweiten Kapitel mitgeteilt –, für diejenigen als hilfreich erweisen mögen, die durch eigene Erfahrung zu einer Wertschätzung der Steinerschen Einsichten gekommen sind. In gewissem Sinn ist dieses Buch für sie geschrieben, denn es handelt sich um einen außerordentlichen Aspekt der Steinerschen Forschung von weit reichender Bedeutung, über den im englischsprachigen Raum bisher noch nicht geschrieben worden ist.[4] Hätten meine Forschungen hier geendet – also vor dem dritten Kapitel –, dann hätte man berechtigterweise sagen können, dass das, was ich sagen muss, nur jene wirklich zu überzeugen vermag, die dem Werk Rudolf Steiners Vertrauen schenken können. Das Buch hört aber keineswegs da auf, und so muss ich hier ein Geständnis machen.

Obgleich ich selbst den äußersten Wert der geistigen Forschung Steiners schätzen gelernt habe und deshalb auch völlig darauf vertraute, was Steiner zur hier zur Rede stehenden Frage sagte, so hätte ich doch *niemals* erwartet, eine derart überwältigende Fülle von Einzelheiten zu finden, die das, was er sagte, verifizieren. Da Steiner selbst seine Erkenntnis gewiss nicht durch das Studium all dieses Materiales erlangte, wäre er wohl selbst erstaunt und erfreut darüber, seine Äußerungen in solcher Art bestätigt zu finden.

Was ich in dieser Hinsicht entdecken konnte – während der dritten Etappe meiner Forschung –, kommt durch das ganze Buch hindurch zur Darstellung, doch hauptsächlich im dritten, sechsten und siebten Kapitel. Die bloße Fülle des aufgefundenen Materials zeigt mir, dass ich auf diesem Gebiet erst einen Anfang gemacht habe. Mögen andere mit größeren Möglichkeiten und Mitteln, als es die meinen sind, das Gefundene erweitern.

Dies gibt dem Buch meiner Meinung nach einen völlig anderen Charakter als den, dass es lediglich eine überraschende These aufstellt und nur bei denen auf Interesse stößt, die für Steiners Werk offen sind. Denn es stellte sich heraus, dass diese These rundum durch alles relevante, ursprüngliche Quellenmaterial gestützt wird. Das Buch soll jeden ansprechen, der ein echtes und offenes Interesse an der Frage der Shakespearschen Autorschaft oder an den im Titel des Buches genannten drei Individualitäten hat. Diese Leser werden hoffentlich das zweite Kapitel als die Hypothese des Buches ansehen, die dann im weiteren Fortgang der Darstellung begründet und gestützt wird.

Im vierten Kapitel versuche ich das Entdeckte in einen Zusammenhang mit der herrschenden Debatte über die Autorschaft Shakespeares zu stellen. Hier muss ich eine ziemlich schwierige Dankespflicht erfüllen. Die Arbeit des Francis-Bacon-Forschungstrusts war ein steter Ansporn für diese Untersuchung. Ohne dessen Arbeit würde ich wahrscheinlich heute noch in verschlafener Weise glauben, dass Shakespeare Shakespeare schrieb und damit basta. Und doch ist das, wozu ich durch den Trust angeregt wurde, eine von der seinen völlig abweichende Auffassung. Kapitel 4 bringt diese Differenz zur Sprache. Trotz meiner abweichenden Auffassung mögen der Bacon-Trust, so hoffe ich, meinen Dank annehmen.

Jede Art von Forschung beruht natürlich auf der Kombination von dem, was unser Denken oder unsere inneren Möglichkeiten liefern, zum Beispiel eine Hypothese, mit dem, was der äußeren Wahrnehmung oder Forschung zur Verfügung steht. Bei einer Frage wie der der Inspiration hinter Shakespeare, die so eindeutig jenseits unseres normalen Wahrnehmungsbereiches liegt – obwohl sie eine ist, auf die heute viele Menschen eine Antwort suchen –, müssen wir uns in weit größerem Ausmaß als gewöhnlich auf das, was unsere inneren Möglichkeiten zu Tage fördern können, verlassen. Es ist deshalb kaum verwunderlich, dass wir, um eine solche Frage zu beantworten, auf Äußerungen eines Menschen wie Rudolf Steiner zurückgreifen müssen, der große und vertrauenswürdige innere Erkenntnisfähigkeiten entwickelt hat. Ich selbst hätte Steiners Forschungen nicht ausführen können, und so verdanke ich dieses Buch aus vollem Herzen ihm. Ich habe nur etwas vollzogen, was Steiner nicht tat, nämlich seine Forschungsergebnisse durch literarische und historische Details zu verifizieren und in den entsprechenden Zusammenhang zu setzen.

Wenn die Leser sowohl den Einzelheiten, die Steiner beschreibt, wie auch dem sie stützenden Beweismaterial, das eine außerordentliche Bestätigung der Steinerschen Aussage liefert, folgen können, dann werden sie hoffentlich auch zugeben, dass wir viele der rätselvollen Geheimnisse, die die Autorschaft Shakespeares umgeben, aufdecken konnten.

Erstes Kapitel

Shakespeare, der Schauspieler

Wo immer man die Identität Shakespeares in Frage stellte, darin war man sich stets einig, dass es einen Schauspieler mit dem Namen William Shakespeare gegeben hat, der in Stratford-upon-Avon aufgewachsen und gestorben ist und der in vielen Dramen, die den Namen Shakespeares trugen, mitgespielt haben muss. Es wurde allerdings behauptet, dass dieser Schauspieler William Shakespeare die Dramen nicht selbst verfasst, sondern nur als Tarnung für die Person oder die Personen gedient habe, die sie tatsächlich geschrieben hätten. Es wurde dabei fast immer angenommen, dass ein bloßer Schauspieler unmöglich imstande gewesen sein konnte, die Dramen Shakespeares zu schreiben.

Man muss jedoch nur Weniges ins Feld führen, um den Anspruch zu verteidigen, dass *der Schauspieler* Shakespeare die Shakespearschen Dramen geschrieben hat. Man geht dann nicht von der Annahme aus, dass jemand mit weit größerer Intelligenz als Shakespeare die Dramen geschrieben habe, und braucht deshalb auch nicht die schwindelnden Höhenflüge dieser Intelligenz zu beschreiben. Ebenso wenig behauptet man, dass eine viel bedeutendere Persönlichkeit als ein bloßer Schauspieler die Dramen geschrieben habe, und so braucht man auch nicht die höheren Absichten dieser Persönlichkeit zu beleuchten. Was man behauptet, ist schlicht, dass die Dramen in erster Linie für die Bühne geschrieben wurden.

Ein Hauptargument dabei ist, dass es noch nie einen anderen Dramatiker gegeben hat, der so beschlagen in der dramatischen Kunst, so völlig ein Mann des Theaters gewesen ist. Aus diesem Grund sind die Shakespearschen Dramen in ihrer Macht, ihrer Lebendigkeit, ihrer Fähigkeit, das Publikum während der Aufführung zu beeindrucken, unübertroffen. Die Menschen, die am besten beurteilen können, ob dem so ist, sind sehr wahrscheinlich nicht die Akademiker, sondern die Schauspieler und das Publikum.

Viele Akademiker, selbst wenn sie der festen Überzeugung sind, dass Shakespeare der Schauspieler die Dramen geschrieben hat, beachten dies zu wenig oder überhaupt nicht. Die Freude des einzelnen Zuschauers und die Qualität der Darstellung durch den Schauspieler werden natürlich enorm beeinflusst durch neue Einsichten, aber nur, wenn diese von unserem künstlerischen Erleben aufgenommen werden können. Letztendlich ist das einzige, was mit einem Drama von Shakespeare, ebenso wie mit einem Stück von Mozart, zu tun ist: es aufführen oder anhören.

Es ist daher nicht überraschend, dass das allerbeste Buch über das Leben Shakespeares unter diesem Gesichtspunkt – *Shakespeare, der Schauspieler, ein Leben im Theater*[1] – von einem Schauspieler geschrieben wurde, und zwar von John Southworth.

Southworth beschreibt im Anfangskapitel die Lücke in den Abhandlungen über Shakespeare, die er zu schließen hofft. Denn, so sagt er, solange die Dramen mehr «als zu studierende Texte statt als zu genießende Schauspiele angesehen werden, bleibt *Shakespeare als Schauspieler und Theatermann im Schatten*». (Hervorhebung vom Autor.) Und Southworth fährt fort: «Während buchstäblich Millionen von Wörtern den Autor- und Textfragen gewidmet wurden, erachteten es nur wenige für sinnvoll oder gar für notwendig, sich genauer mit Shakespeares durchgängiger Schauspielerkarriere oder den Möglichkeiten zu befassen, wie seine Erfahrung als Schauspieler sein Werk beeinflusst haben könnte.»[2]

Southworth vermutet, dass die Schließung der Theater im Jahre 1642, die selbst nach deren Wiedereröffnung 1660 nie wieder eine Popularität wie zur Shakespearezeit erlangten, einer der Hauptgründe dafür ist, warum man das ganze Umfeld, in dem Shakespeare lebte, spielte und schrieb, nicht mehr recht erfasste. Southworth drückt es so aus: «Vieles, was in Shakespeares Lebensgeschichte heute dunkel und verwirrend ist, kann direkt auf diesen Traditionsbruch zurückgeführt werden.»[3]

Im Schlusskapitel charakterisiert Southworth Shakespeare als einen Menschen, der «eine viel versprechende Karriere als Erzähler und Dichter, der veröffentlicht werden wollte, aufgab, um seine ganze Energie darauf zu richten, Stücke für die geringschätzig behandelten öffentlichen Theater seiner Zeit zu *schreiben, einzustudieren* und *aufzuführen*. Denn diese drei Tätigkeiten hingen zusammen, und vermutlich machte er nie einen bewussten Unterschied zwischen ihnen, ebenso wenig, wie er seine Schauspielerkarriere von der Dichterkarriere oder seine Dichter- und Schauspielerkarriere von der Verantwortung für die Einstudierung und die ‹Regieanweisungen› für seine Schauspielerkollegen unterschied. Er war kein großer Dramatiker, der nebenher ein bisschen schauspielerte, wie dies von akademischer Seite im Allgemeinen angenommen und dargestellt wird (...) sondern ein vollbeschäftigter, hingebungsvoller Berufsschauspieler und Theatermann, für den der Text des Stücks nicht ein Selbstzweck (wie jedes andere Buch) war, sondern ein Mittel zum Zweck: der Aufführung auf der Bühne mit ihm selbst als Autor, Regisseur und Darsteller. Er war kein Dramatiker, der eine Zeitlang Schauspieler war und dann, nachdem er genug verdient hatte, damit aufhörte und sich aufs Land zurückzog (...) sondern ein Schauspieler, der Dramatiker wurde und nie zu spielen aufhörte, auch als er keine Stücke mehr schrieb, bis eine tödliche Krankheit dies verhinderte.»[4]

Harley Granville-Barker – ein anderer «Theatermann» – ist vielleicht bis dato der berühmteste Fürsprecher dieser Auffassung: «Kann sich ein Kunstwerk unter anderen als den eigenen Bedingungen voll entfalten? (...) Shakespeare aus der Welt des Theaters in das Vakuum des Gelehrtentums zu versetzen ist Wahnwitz (...) Der Gelehrte wird sich im besten Fall in der Situation eines Menschen befinden, der die Partitur einer Symphonie liest und die Themen summt.»[5] Das Werk Rudolf Steiners ist der Ort, an dem diese Ansicht eine weniger bekannte Bestätigung und Unterstützung findet. Der Kerngedanke, den Steiner in mehreren kurzen Hinweisen auf Shakespeare in Vorträgen und Aufsätzen um die Wende vom 19. zum 20. Jahrhundert zum Ausdruck bringt, kann wie folgt umrissen werden: Das Allerwichtigste im Zusammenhang mit den Dramen Shakespeares ist, dass sie *von einem Schauspieler* geschrieben wurden.

Da Steiners Bemerkungen selten aufgegriffen wurden, fasse ich sie kurz zusammen. Im Jahre 1898 setzte sich Steiner in einem Aufsatz mit dem Titel *Auch ein Shakespeare-Geheimnis* [GA 29] zum Ziel, Shakespeares Weltanschauung aufzudecken und darzustellen. Nach der Beschreibung der Weltanschauungen Goethes und mehrerer anderer Schriftsteller sagt er, dass Shakespeare keinerlei derartige Weltanschauung habe. Falls er eine habe, sagt Steiner, so könnte man sie als «die Weltanschauung» der «Welt als Schauspiel» bezeichnen, denn Shakespeare nähere sich jeder Situation oder jedem Charakter immer in der Absicht herauszufinden, was das eigentlich Dramatische daran sei. Steiner sagt, dass Shakespeare seine Charaktere nicht aus besonderen *Ideen* heraus geschaffen habe oder um eine bestimmte Weltanschauung durch sie zum Ausdruck zu bringen, sondern dass er *aus dem dramatischen Medium selbst* heraus schuf. Was ist das echt Dramatische in einer Situation oder an einem Charakter, was kann diese auf der Bühne am vollkommensten zum Leben erwecken? – das ist der entscheidende Faktor in Shakespeares Dramen.

Steiner greift diesen Punkt nochmals in einem Vortrag von 1902 auf: «Müßig erscheint daher auch die Frage, welchen Standpunkt Shakespeare selbst den verschiedenen Fragen gegenüber einnahm (...) Ob Shakespeare an Hexen, an Geister geglaubt, ob er ein Gläubiger, ein Freigeist gewesen, es kommt hierbei gar nicht in Betracht. Er stellte sich die Frage: Wie muss ein Geist, eine Hexe auf der Bühne sich darstellen, um die Wirkung auf den Zuhörer auszuüben, die er beabsichtigte?»[6]

Und er fügt hinzu: «Und dass die Wirkung der Shakespearschen Gestalten bis heute die gleich große geblieben ist, beweist eben, wie er sich diese Frage beantwortete.» (!)

Diese wesentlich dramatische Qualität Shakespearscher Dramen, sagt Steiner, findet sich so bei keinem anderen Dramatiker, und sie ist der Grund für die bis heute faszinierende Wirkung auf die Phantasie der Menschen. Darüber hinaus hat diese Qualität nur von jemandem erreicht werden können, der das Theater auf das Genaueste von innen, von der Praxis her, vor allem aus der eigenen Schauspielerpraxis heraus kannte. Deshalb darf es auch nicht als Zufall aufgefasst werden, der auch übergangen werden kann, sondern vielmehr als etwas Notwendiges, dass Shakespeare – wie man auch an den Dramen selbst entdecken kann – Schauspieler war:

«Ein Zeugnis (...) für die Autorschaft Shakespeares sind seine Werke selbst. Seine Dramen sprechen davon, dass sie von einem Manne geschrieben sind, der das Theater auf das Genaueste kannte, für die schauspielerische Wirkung das feinste Verständnis hatte (...) *Es gibt keine Dramen in der ganzen Weltliteratur, die so sehr vom schauspielerischen Standpunkt aus gedacht sind.* Das sichert dem Schauspieler Shakespeare den Ruhm, diese Dramen gedichtet zu haben.»[7] (Hervorhebung RR.)

***

Es gibt verschiedene Wege, wie man sich Steiners markanter Aussage nähern kann, dass Shakespeares Dramen so völlig «vom schauspielerischen Standpunkt aus gedacht sind».

Erstens gibt es bei Shakespeare selbst entscheidende Hinweise auf das Drama und auf das Schauspiel:

Die ganze Welt ist Bühne
und alle Frau'n und Männer bloße Spieler.
Sie treten auf und gehen wieder ab,
sein Leben lang spielt einer manche Rollen (...)
(*Wie es euch gefällt*, II., 7)

> Leben ist nur ein wandelnd Schattenbild;
> ein armer Komödiant, der spreizt und knirscht
> sein Stündchen auf der Bühn' und dann nicht mehr
> vernommen wird (...)
> (*Macbeth*, V., 5)

Wir, die Zuschauer, sind natürlich sogar oft Zeuge dieser dreifachen zentralen Betätigung in Shakespeares Leben – dem Erschaffen, Einüben und Aufführen des Dramas. Im *Sommernachtstraum* sehen wir zu unserem unendlichen Vergnügen nicht nur die Aufführung der «umständlichen kurzen Szene von Priamus und Thisbe» durch die «unbeholfenen Handwerker», sondern auch eine in die Länge gezogene Probe davon. Im *Hamlet* erleben wir, wie Hamlet den Schauspielern seine berühmten Ratschläge erteilt («Sprecht die Rede [...], wie ich sie euch sprach, flink von der Zunge weg»), für das Stück, das er selbst zum Teil geschrieben hat, und dann sehen wir die Aufführung selbst, das «Spiel im Spiel», das man zu Recht als einen charakteristischen Moment in Shakespeares Werk ansieht. *Der Sturm* hat ebenfalls ein Spiel – oder Maskenspiel – innerhalb des Stücks, von Ariel und seinen Geistern auf Prosperos Befehl hin aufgeführt. Als es vorüber ist, bietet Prospero, der große Theaterzauberer, ein letztes großartiges Bild von der Welt als Bühne mit all ihren Schauspieler-Bewohnern:

> Unsre Spieler (...) waren Geister und
> sind aufgelöst in Luft, in dünne Luft.
> Wie dieses Scheines lockrer Bau, so werden
> (...) die hehren Tempel, selbst der große Ball,
> (...) untergehn (...)
> Und, wie dies leere Schaugepräng erblasst,
> spurlos verschwinden.
> (Prospero in *Der Sturm*, IV., 1)

Die zweite Möglichkeit, den Wahrheitsgehalt von Steiners Feststellung zu erhärten, kann sich aus der Beobachtung ergeben, wie fast jede einzelne Szene von Shakespeare auf der Bühne *wirkt*. Wenn man aufrichtig ist, kann man Steiner bereitwillig zustimmen, dass es keine Stücke gibt, die bis ins letzte Detail so durch und durch dramatisch gestaltet sind wie die von Shakespeare. Wie jeder Regisseur und Schauspieler sagen wird, ist jedes Drama, jeder Akt, jede Szene und sogar jede Rede Shakespeares überquellend vor dramatischem Leben. Die Dramen verhalten sich auf der Bühne auf eine Art und Weise wie kein Drama vorher oder seither. Wie großartig zum Beispiel auch das dichterische und wissenschaftliche Genie Goethes war, seine Dramen sind in dieser Hinsicht nichts gegen die von Shakespeare.

Es ist müßig, Beispiele anzuführen, da sie sich überall bei Shakespeare finden. Als kleine Ausnahme sei jedoch an den Anfang von *Richard III.* erinnert. Es gibt wohl nichts Unwahrscheinlicheres, als wenn ein Buckliger erscheint und verkündet:

(...) weil ich nicht als ein Verliebter kann kürzen
diese fein beredten Tage,
bin ich gewillt, ein Bösewicht zu werden (...)
Anschläge macht ich, schlimme Einleitungen (...)
(Gloster in *Richard III.*, I., 1)

So unwahrscheinlich dies im Leben sein mag, dramatisch ist es äußerst wirksam. Richard offenbart sich uns gleich bei seiner ersten Rede im Stück, und nur wir kennen an diesem Punkt seine wahre Natur. Die Art, wie Shakespeare eine spezielle Geschichte entwickelt, ist immer von seinem vollendeten Gespür für das dramatisch Wirksame auf der Bühne bestimmt. (Wenn man für die Bühne zu schreiben versucht, lernt man diesen Aspekt bei Shakespeare bald schätzen. Falls man nicht wie Bernhard Shaw einfach, und ganz unverdientermaßen, die eigene Überlegenheit postuliert, erkennt man bald die unübertroffene Meisterschaft Shakespeares in dieser Hinsicht – es ist das, was man die unerschöpfliche Fülle seiner dramatischen Phantasie nennen könnte.)

Die dritte Art, die uns Steiners Bemerkung einleuchtend machen kann, ergibt sich aus der Betrachtung einer Tatsache, die in Bezug zu Shakespeare so oft Verwirrung hervorgerufen hat: seine Fähigkeit, in seinem Werk so restlos *jedermann* sein zu können, während er im wirklichen Leben fast «ein Niemand» zu sein scheint.[8] Dies ist natürlich genau das, was die Schauspielkunst erfordert.

Das Rätsel hört sofort auf, eines zu sein, wenn wir die Bedeutung der Tatsache, dass Shakespeare schließlich auch Schauspieler war, erkennen. Genau diesen Punkt betont Southworth: «Wenn ein Teil seines besonderen Genies als Dramatiker und Dichter in seiner Fähigkeit lag, sich mit den Gedanken und Gefühlen seiner Charaktere zu identifizieren und mit ihrer Stimme aus den Situationen heraus zu sprechen, in die er sie versetzt hat, so kann diese dichterische Gabe nicht ohne Zusammenhang mit seiner Fähigkeit als Schauspieler sein (...) sich mit den von ihm dargestellten Figuren zu identifizieren (...) Es ist gerade diese vielgestaltige Komponente in Shakespeares Charakter, die so viele seiner Biographen in die Irre führt und die Kritiker verwirrt.»[9]

Giles Block ist deshalb völlig gerechtfertigt, wenn er auf dem Cover von Southworths Buch sagt: «Die Betonung von Shakespeare als Schauspieler scheint plötzlich dasjenige Element zu sein, das in unserer Suche nach einem vollständigen und überzeugenden Porträt des ‹Menschen Shakespeare› gefehlt hat.»

***

Und doch ...
Es gibt Geheimnisvolles, das durch Shakespeare hindurchfließt, das durch dieses so überaus wichtige Faktum, dass Shakespeare ein Schauspieler war, nicht erfassbar wird.

Man mag damit seine außerordentliche dramatische Genialität erklären, aber nicht die unermessliche Inspiration, die ihn durchströmt. Woher kommt *diese*? Wir wenden uns nun dieser Frage zu, obwohl wir dazu erst einen scheinbaren Umweg machen müssen.

Doch bevor wir beginnen, möchte ich darauf hinweisen, dass man, wenn man nach dieser Inspirationsquelle sucht, nicht buchstäblich an jemanden anderen denken sollte, der Shakespeares Werk *verfasst hat*. Der Löwe hält, wie man auf Abbildung 1 sieht, keine Feder.

Zweites Kapitel

Jakob I. – ein «ziemlich lästiger Patron»

Rudolf Steiners Forschungsergebnisse

Wann immer Rudolf Steiner von Jakob I. sprach, geschah dies auf eine eigenartige, rätselhafte Weise, da er dabei immer auf größere Geheimnisse hinwies, als er im Augenblick offenbaren könne. Das erste Mal, als er im März 1916 von ihm sprach, nannte er seinen Namen überhaupt nicht. Im Oktober 1918 spricht er – in dem ersten Vortrag der *Geschichtlichen Symptomatologie* – ziemlich ausführlich über eine «merkwürdige Persönlichkeit»[1], die auf der Bühne der Geschichte erschienen sei, und bezeichnete ihn dann schließlich als «die äußere historische Persönlichkeit von Jakob I. (...) wie sie sich darlebte, als er von 1603 bis 1625 regierte». Im folgenden Vortrag spricht er auf vier Seiten direkt über Jakob I., fügt dann aber hinzu: «Es wird hier noch nicht – das kann später geschehen – meine Aufgabe sein, über manches Geheimnis, das mit der Persönlichkeit Jakobs I. verbunden ist, zu sprechen.» Es ist nicht bekannt, was später, wenn überhaupt, gesprochen *wurde*, doch in dem Vortrag selbst teilt Steiner mit, dass für Jakob I., obwohl kalvinistisch erzogen und später zur anglikanischen Kirche übergetreten, «im Inneren seiner Seele (...) das alles Gewand [war], das ihm nicht passte». Weiter sagt Steiner, dass keiner der Zeitgenossen Jakobs I. dessen Ansichten verstand, da sie in der Auseinandersetzung mit allen um Aufmerksamkeit ringenden Meinungen unterzugehen schienen: «Niemand verstand eigentlich, was er wollte, denn alle anderen wollten etwas anderes.»[2]

Jakob I. wurde am 19. Juni 1566 geboren, unter dem doppelgesichtigen Zeichen der Zwillinge, und er wird in der Geschichte in der Tat auch von höchst gegensätzlichen Perspektiven aus beschrieben. Nachdem Steiner von zwei Gesichtspunkten aus eine Beschreibung gegeben hatte, die eine äußerst positiv und die andere äußerst negativ, äußerte er sich folgendermaßen: «Und Unrecht hatten diejenigen, die ihn von der einen Seite charakterisierten (...) und Unrecht hatten diejenigen, die ihn von der anderen Seite her charakterisierten.» Und als ob dies noch nicht ausreichte, fügt Steiner das vielleicht Paradoxeste hinzu, denn Jakob hat mehrere Bücher geschrieben: «(...) und Unrecht hatten seine eigenen Bücher, die ihn charakterisierten, *denn auch was er selbst schrieb, führt uns durchaus nicht in irgendeiner direkten Weise in seine Seele hinein.*» (Hervorhebung durch den Autor.)

So erscheint uns Jakob I. als ein ungeheuer großes Rätsel, das nicht einmal durch das, was er selbst gesagt oder geschrieben hat, gelöst werden kann. Wir stehen vor einem Schleier, durch den nur eine geistige Wahrnehmung dringen kann. «So steht er, wenn man ihn nicht esoterisch betrachtet, wie ein großes Rätsel am Beginne des 17. Jahrhunderts (...)»[3]

Im Einklang mit dem geheimnisvollen Wesen von Jakob I. bedeutet auch das Lüften des Schleiers nicht, dass auf einmal alles «geklärt» und unzweideutig gelöst sei. Steiner scheint uns nur verschiedene fragmentarische Äußerungen zu geben, wobei es an uns liegt, zu versuchen, die kleinen Teile zusammenzufügen. Da fast alle Vorträge Steiners mitgeschrieben wurden und heute veröffentlicht sind, können wir, im Gegensatz zu Steiners erster Hörerschaft, zumindest den entsprechenden Versuch machen.

Charakteristisch für Steiners Äußerungen über Jakob I. ist, dass nichts, aber auch gar nichts ganz direkt dargestellt oder erklärt wird. Und nie ist es unzweideutig. Es ist, als ob wir immer wieder denselben Rätseln hinsichtlich dieser Individualität begegneten, doch nunmehr übertragen auf den Bereich der geistigen Tatsachen hinter den historischen Ereignissen und Persönlichkeiten.

Die Doppelnatur von Jakob I., die sich scheinbar völlig widersprechende Art, wie man ihn betrachten kann, ist nirgends treffender dargestellt als in Rudolf Steiners Vorträgen vom Dezember 1916 und Januar 1917, veröffentlicht in den *Zeitgeschichtlichen Betrachtungen – das Karma der Unwahrhaftigkeit* I und II. Im ersten Band nennt Steiner Jakob I. «einen der bedeutendsten okkultistischen Menschen» und bezieht sich darauf, dass Jakob am Beginn der «besonders groß werdenden okkulten Bruderschaften»[4] stehe. Im Zusammenhang mit allem sonstigen, was in den Vorträgen über diese westlichen Bruderschaften und deren Einmischung in die Weltpolitik gesagt wurde, kann dies kaum als eine schmeichelhafte Bemerkung aufgefasst werden, sondern zeigt vielmehr, welche immense Skala von Impulsen durch Jakob wirkten.[5]

Die Vorträge mit dem Titel *Weltwesen und Ichheit*[6] von 1916 beschäftigen sich mit dieser dunkleren Seite von Jakob I. Obwohl sich Steiner jetzt auf ihn als einen Eingeweihten bezieht, als «Jakob I. von England, mit einer in ihm lebenden Initiierten-Seele», wird er als der absolute Gegensatz zum Jesuiten und Philosophen Franz Suárez charakterisiert: «Zur Zeit von Jakob I. setzte eine sehr ahrimanische[7] Entwicklung ein. Eine andere Entwicklung begann mit Suárez, diese war von sehr luziferischer Prägung.»[8] So sagt Steiner: «Diese beiden Gestalten, Jakob I. (...) und Francisco Suárez (...) sind zwei gewaltige Gegensätze!»[6]

Im zweiten Band der *Zeitgeschichtlichen Betrachtungen* spricht Steiner jedoch von Jakob I. mit völlig anderen Worten. Jetzt hören wir: «Einer der größten, der gigantischen Geister des britischen Reiches steht selber ganz nahe der Opposition gegen das bloß Kommerzielle innerhalb des britischen Kommerziums, und das ist Jakob I. Jakob I. bringt insofern ein neues Element hinein, als er der britischen Volkssubstanz dasjenige einimpft – und dauernd einimpft, die britische Volkssubstanz wird das immer haben –, was sie nicht verlieren darf, wenn sie nicht vollständig im Materialismus aufgehen soll.»[9]

Neben der vorrangigen Bedeutung, die die Bruderschaften dem Kommerziellen beimessen, haben sie unzweideutige Absichten hinsichtlich der Vorherrschaft der angelsächsischen – heutzutage würde man sagen angloamerikanischen – Welt, und wir erfahren im ersten Band der *Zeitgeschichtlichen Betrachtungen*, «dass in den heranwachsenden und namentlich seit Jakob I. besonders groß werdenden okkulten Bruderschaften seit Jahrhunderten wie eine selbstverständliche Wahrheit gelehrt worden ist, dass an die angelsächsische Rasse – so sagt man eben in diesem Zusammenhang (...) alle Weltherrschaft der fünften nachatlantischen Zeit übergehen müsse».[10]

Dies bedeutet für Steiner die Herrschaft der englischsprachigen Welt über all die Völker, deren Sprache auf romanischer Grundlage beruht. «In den Zeiten, als sich vorbereitete, was gegenwärtig geschieht», hielten es die Bruderschaften dagegen für wenig notwendig, sich um Mitteleuropa und die deutschsprachige Welt zu kümmern: «In jenen okkulten Bruderschaften (...) wird Mitteleuropa keine besondere Bedeutung beigemessen; denn so gescheit ist man auch, um zu wissen, dass zum Beispiel Deutschland nur ein Dreiunddreißigstel der gesamten trockenen, das heißt vom Lande bedeckten Erde besitzt.»[11]

Auch dieser Aspekt steht in einem unmittelbaren Kontrast zur Art, wie Steiner von Jakob I. im zweiten Band dieser Vorträge spricht. Denn das «neue Element», das Jakob I. «der britischen Volkssubstanz (...) einimpft, steht durch unterirdische Kanäle in Verbindung mit der ganzen übrigen europäischen Kultur. Da stehen wir vor einem bedeutenden Mysterium».[12]

So ist es!

Um dieses Geheimnis ein wenig zu lüften, müssen wir diese zweite, sehr andersartige Charakterisierung von Jakob I. in ihrem genaueren Zusammenhang betrachten. Rudolf Steiner spricht von dem inneren Gegensatz, der zwischen dem geistigen Leben Mitteleuropas und Großbritanniens besteht. Dieser Gegensatz nimmt manchmal die Form an, als ob das eine von dem anderen Element assimiliert würde, und er nennt als Beispiel Shakespeare, der «ein vollständig deutscher Dichter wird, indem er ganz und gar aufgenommen wird. Er wird ja nicht etwa bloß übersetzt, sondern er wird vollständig assimiliert, er lebt im deutschen Geistesleben.»[12] Somit ist «dieses In-Opposition-Stehen zu gleicher Zeit ein absolutes Mitarbeiten».

Als Beispiel für diesen Kontrast vergleicht Steiner sein eigenes Buch *Vom Menschenrätsel* mit dem des englischen Arztes und Spiritisten Sir Oliver Lodge: «Es sind die absolutesten Gegenpole, man kann sich keine absoluteren Gegensätze denken.»

Diese Konstellation der auseinanderdriftenden Mächte innerhalb Europas bildete sich erst nach der Trennung von England und Frankreich heraus, die durch das Auftreten der Jungfrau von Orléans bewirkt wurde. In der Zeit davor stand ganz Europa, England inbegriffen, in hohem Maße unter dem Einfluss, der von Rom ausging (sei es des römischen Reiches oder des Heiligen Römischen Reiches der römisch-katholischen Kirche).

Direkt Bezug nehmend auf diese Differenzierung zwischen England und Frankreich, sagt Steiner: «Dann aber schloss sich alles das an, was in dem Rahmen dieser Differenzierung geschehen konnte.» Und er fährt fort: «Nun ist das Merkwürdige, dass schon *innerhalb dieses Rahmens selber* die Einsicht, der Impuls auftaucht, dass man eine Verbindung zu schaffen hat mit dem Gegenpol.» (Hervorhebung RR.)

Daraus erklärt sich die außerordentliche Tatsache, «dass der rein britische Philosoph Baco von Verulam, der Begründer des materialistischen Denkens für die neuere Zeit (...) aus derselben Quelle inspiriert» wird «wie Shakespeare, der dann in einer so starken Weise nach Mitteleuropa herüberwirkt». Und dies ist nicht die einzige Verbindung, die «innerhalb dieses [westlichen] Rahmens selber», zum Gegenpol – das heißt zu Mitteleuropa hergestellt wird: «Und aus derselben Quelle ist Jakob Böhme inspiriert, *der die ganze Inspiration in die mitteleuropäische Seelensubstanz umsetzt,* und aus derselben Quelle wiederum der süddeutsche Jacobus Baldus.» (Hervorhebung RR.)

Steiner fordert uns eindringlich auf, über «die Dinge eben wirklich differenziert [zu] denken, nicht die ganze Sache in einen nebulösen Wirrwarr hinein verschwinden zu lassen», um dann plötzlich, wie schon oben angeführt wurde, «von einem der größten, der gigantischen Geister des britischen Reiches» zu sprechen, «Jakob I.»[13] Darüber hinaus gibt er, wie schon erwähnt, ein besonders eindrückliches Bild der Wirkensweise Jakobs I., und zwar wird diese so beschrieben, dass «er der britischen Volkssubstanz [etwas] einimpft – und dauernd einimpft, die britische Volkssubstanz wird das immer haben.»[14]

Fasst man zusammen, was Steiner sagt, so haben wir den Gegensatz zwischen Mitteleuropa und England. Und dann erfährt man, dass das Bemerkenswerte daran ist, dass innerhalb des westlichen Gebietes der Impuls entstand, ein Bindeglied zur geistigen Kultur Mitteleuropas zu schaffen. Und wir erfahren, dass dies dadurch erreicht wurde, dass dieselbe Quelle den englischen Bacon wie auch Shakespeare inspiriert, der eine so große Affinität zur mitteleuropäischen Kultur hat. Dieselbe Quelle inspiriert Jakob Böhme, der diese Inspiration so umwandelt, dass sie mit allem, was in Mitteleuropa lebt, zusammenstimmt. Und schließlich wird auch Jakob Balde ebenfalls von dieser Quelle inspiriert. «Einer der größten, der gigantischsten Geister des britischen Reiches», sagt Steiner, «ist Jakob I. Jakob I. bringt insofern ein neues Element hinein, als er der britischen Volkssubstanz dasjenige einimpft (...) was sie nicht verlieren darf, wenn sie nicht vollständig im Materialismus aufgehen soll. Das aber, was er da einimpfte, steht durch unterirdische Kanäle *in Verbindung mit der ganzen übrigen europäischen Kultur.*» Und er schließt mit den Worten: «Da stehen wir vor einem bedeutenden Mysterium.» (Hervorhebung RR.)

Sieben Jahre später, im April 1924, kommt Rudolf Steiner in seinen Vorträgen über karmische Zusammenhänge auf dieses Thema zurück. Es mutet zunächst fast wie eine Abschweifung an, als er innerhalb einer Betrachtung über Francis Bacon auf die Bacon-Shakespeare-Kontroverse hinweist, in der «allerlei schöne Argumente vorgeführt werden, die da zeigen sollen zum Beispiel, dass eigentlich der Schauspieler Shakespeare überhaupt nicht seine Dramen geschrieben hat, sondern dass sie der Philosoph und Staatskanzler Bacon geschrieben haben soll, und dergleichen». Und er fügt hinzu: «Alle diese Dinge, die mit äußeren Mitteln arbeiten, sind ja eigentlich öde, weil sie an die Sache gar nicht herankommen.» Und dann erwähnt er die gemeinsame Inspirationsquelle hinter Bacon, Shakespeare, Böhme und Balde ein weiteres Mal. Und dieses Mal spricht er sich sehr viel deutlicher aus, was er mit einer «gemeinsamen Quelle» meint: «Da ja die Wahrheit so liegt, dass in der Zeit, als Bacon, Shakespeare, Jakob Böhme und noch ein anderer gewirkt haben, *ein Eingeweihter da war, der eigentlich durch alle vier gesprochen hat*. Daher die Verwandtschaft, weil tatsächlich das auf *einen* Quell zurückgeht. Aber natürlich disputieren die Leute, die mit äußeren Argumenten disputieren, nicht über einen Eingeweihten, der dahintergestanden hat, sintemalen dieser Eingeweihte in der Geschichte geschildert wird – wie ja mancher moderne Eingeweihte – als ein ziemlich lästiger Patron. Aber er war nicht bloß das. In seinen äußeren Handlungen war er es schon auch, aber er war nicht bloß das, sondern er war eben eine Individualität, von der ungeheure Kräfte ausgingen und auf die eigentlich zurückgingen sowohl die Baconschen philosophischen Werke wie auch die Shakespearschen Dramen, wie die Jakob Böhmeschen Werke und wie noch die Werke des Jesuiten Jakob Balde.»[15] (Hervorhebung RR.)

Wenn wir diesen Abschnitt auf die sieben Jahre früher gemachten Ausführungen gewissermaßen darüber legen, so erkennen wir – vielleicht in einem plötzlichen Schock, dass es kein anderer als Jakob I. ist, der hier beschrieben wird –, dass Jakob I. in der Tat als der Eingeweihte betrachtet werden muss, der hinter Bacon und auch hinter Shakespeare steht. Während Steiner im Jahre 1916 Jakob I. noch direkt genannt hat, spricht er jetzt von einem Eingeweihten, «den uns die Geschichte beschreibt als einen ziemlich lästigen Patron».

Als Steiner 1916 Jakob mit Namen nannte, machte er noch nicht deutlich, dass er auf einen bestimmten Eingeweihten hinblickt. 1924, wo dies klar ist, spricht er anderseits den Namen nicht mehr direkt aus.

Wenn wir aber beide Passagen zusammenhalten, zeigt sich die Wahrheit offen. Im Englischen vielleicht ein bisschen weniger klar, da für das deutsche Original «ein ziemlich lästiger Patron» im Englischen «a rather intolerable fellow» steht. Steiners genaue mehrschichtige Formulierung verschwindet in der Übersetzung ganz. «Lästiger Patron» ist ein umgangssprachlicher Ausdruck, den man zwar mit «intolerable fellow» übersetzen kann, aber die buchstäbliche Übersetzung von «Patron» ist natürlich «patron» – was der exakten irdischen Beziehung zu Bacon und auch Shakespeare entspricht.

Um das Ganze noch klarer zu fassen, wollen wir sämtliche der wenigen Steinerschen Kommentare über König Jakob nochmals nacheinander durchgehen.

Bevor wir damit beginnen, sollten wir uns an eine andere Bemerkung Rudolf Steiners im Zusammenhang mit Jakob erinnern. 1916 beschreibt Steiner, wie die Entwicklung von Jakob und auch von Franz Suárez verlief: «Es kam plötzlich (...) Also man kann bei Suárez' Biographie nachweisen, so wie man bei Jakob I. genau nachweisen kann, wie er – man kann das nicht so sagen, aber es ist das in gutem Sinne angewandt – wie er ‹umschnappt›, das heißt also aus dem Ungeistigen ins Geistige hineinkommt (...) nicht in gerader Linie, sondern durch einen Ruck.» Diese Art von Entwicklung lässt «sich vergleichen mit dem, wodurch man lesen lernt im Elementaren: nicht durch eine Schilderung der Buchstabenformen, sondern dadurch, dass man einen Impuls bekommt, dass man die Buchstaben verstehen lernt.»[16] Genau in derselbe Weise und wohl nur in dieser Weise lässt sich dieses «bedeutende Mysterium» von Jakob I. begreifen. Entweder können wir es spontan erfassen oder eben nicht – man kann es nicht durch eine Überbetonung einzelner Buchstaben mitteilen.

Das allererste Mal, dass Rudolf Steiner öffentlich über König Jakob sprach (am 28. März 1916), kann als eine Keimzelle für alles Spätere angesehen werden. Im ersten langen Satz verläuft die Charakterisierung von Jakob sozusagen verquickt mit der von Shakespeare: «Aber wichtig ist, dass im Beginne des 17. Jahrhunderts, als schon Shakespeare seine Dramen geschaffen hatte, die ja, insofern sie Königsdramen sind, insbesondere die Rosenkriege behandeln – in den Shakespeare-Dramen lebt ja der ganze Kampf der Roten und der Weißen Rose –, dass Ende des 16. und im Beginne des 17. Jahrhunderts eine Seele in einem physischen Leib sich im britischen Reich inkarnierte, die äußerlich nicht sehr Bedeutsames bewirkte, die aber weithin ungeheuer anregend wirkte. Besonders anregend konnte diese Seele wirken, die sich in einem britischen Leibe inkarniert hatte, in dem im Grunde genommen wenig britisches Blut ineinanderwirkte. Und von dieser Seele ging eigentlich dasjenige aus, was den Anstoß gegeben hat sowohl zu dem äußeren britischen Geistesleben wie auch zu dem okkulten britischen Geistesleben.»[17]

Erst später im Vortrag wird dann der Name von Jakob kurz erwähnt.

Das nächste Mal, dass Steiner auf Jakob zu sprechen kommt, ist im Juli 1916 im Vortragszyklus *Weltwesen und Ichheit*. Nachdem er in einem der Vorträge auf die Symptome hingewiesen hatte, die einem zeigen können, was «dieser Tage vorherrschend ist», und zwar in den «mancherlei okkulten Bewegungen, die sich in Gesellschaften ausleben», sagt Steiner: «Ich habe Sie hingewiesen darauf, wie ein großer Teil des neuzeitlichen Denkens, der Richtung des Denkens, der Gesinnung des Denkens, zum Beispiel zurückgeht auf den Beginn eben der fünften nachatlantischen Periode, wie da ein Geist tonangebend war, lebte in dem, was Bacon leistete, was Shakespeare leistete, was leistete sogar Jakob Böhme.»[18]

In dem darauf folgenden Vortrag nennt er Jakob I. beim Namen und spricht direkt über ihn. Indem er wieder auf die okkulten Gemeinschaften hinweist, macht er auf deren «zwei Hauptströmungen» aufmerksam, die «(...) zwei ganz typisch einander gegenüberstehende Gestalten» hervorbringen: «Jakob I. von England, *mit einer in ihm lebenden Initiiertenseele ganz außerordentlicher Art*, und Suárez (...) Die Dinge liegen da, und verbindet man sie, dann kann man eine der größten Fragen der neueren Geschichte lösen.»[19] (Hervorhebung RR.)

Das «Zusammenwirken [dieser beiden Ströme], namentlich ihr gegenseitiger Kampf hat vieles von dem aufgeweckt, was in der neueren Zeit webt und lebt.»

Als Nächstes hören wir von Jakob in den beiden Vorträgen in den *Zeitgeschichtlichen Betrachtungen – das Karma der Unwahrhaftigkeit* – vom 26. Dezember 1916 und 15. Januar 1917. Im ersten der beiden Vorträge wird die Verbindung von Jakob mit den «Bruderschaften» nochmals erwähnt. («Jakob I., der in den heranwachsenden und [...] besonders groß werdenden okkulten Bruderschaften steht.») Im zweiten Vortrag, den wir oben schon genauer besprochen haben, wird das gegenteilige, zutiefst positive Bild von Jakob hinzugefügt. Wenn man die sich entwickelnde Folge von Aussagen über Jakob I. betrachtet, zeigt sich ein bedeutsamer Unterschied zwischen Juli 1916 und dem 15. Januar 1917. In *Weltwesen und Ichheit* sprach Steiner im einen Vortrag von der gemeinsamen Inspiration hinter Bacon, Shakespeare und Böhme und erst eine Woche später im nächsten Vortrag von Jakob I. Jetzt, im Januar 1917, spricht er von Bacon, Shakespeare, Böhme, Balde *und* Jakob I. im selben Abschnitt.

Im Oktober 1918 spricht Steiner in der *Geschichtlichen Symptomatologie* (GA 185) wie beim ersten Anlass, als er von Jakob gesprochen hatte, ausführlich über ihn, und zwar, indem er sich auf eine Persönlichkeit bezieht, die besonders charakteristisch sei für das Aufkeimen des Bewusstseinseelenimpulses in Westeuropa – bevor er schließlich seinen Namen nennt.[20] Wir haben Steiners Aussage bereits erwähnt, dass es nicht seine «Aufgabe» sei, «in diesen Vorträgen über manches Geheimnis, das mit der Persönlichkeit von Jakob I. verbunden ist, zu sprechen». (GA 185, 19.10.18.) Deshalb findet sich auch keine Erwähnung des Bacon-Shakespeare-Geheimnisses wie in den Vorträgen vom

Juli 1916 (GA 169) und Januar 1917 (GA 174). Jakob wird allerdings als fähig erachtet, die radikalsten Gegensätze in sich zu vereinen. Nachdem Steiner die beiden widersprüchlichen Seiten seines Charakters beschrieben hat, sagt er: «Man könnte so reden, wie ich zuerst geredet habe, man könnte so reden, wie ich dann geredet habe, und es wird beides gut für Jakob I. passen.» (GA 185, S. 34.) Steiner teilt uns, wie wir gesehen haben, auch mit, dass man nicht in den *Taten* Jakobs suchen soll, um ihn kennenzulernen, um etwas über ihn zu erfahren: «Denn auch was er selber schrieb, führt uns durchaus nicht in irgendeiner direkten Weise in seine Seele hinein» (a.a.O., S. 38), und er schließt seine ausführliche geschichtliche Auseinandersetzung mit der Feststellung, dass uns Jakob, wenn wir nicht auf die Geheimnisse hinter ihm schauen, ein versiegeltes Buch, ein großes Rätsel bleiben werde.

Im Jahre 1919 erwähnte Steiner Jakob einmal, und zwar ohne jegliches Rätsel um Jakobs Namen (was er nur ein einziges anderes Mal tat). Wir werden im fünften Kapitel näher auf diese Äußerung eingehen, da sie mit der Bacon-Shakespeare Frage nichts direkt zu tun hat.

Von da an wird Jakob I. nie wieder von Steiner namentlich in einem öffentlichen Vortrag erwähnt.[21] 1920 hielt er aber einen Vortrag, der einzig und allein das Bacon-Shakespeare-Böhme-Balde Problem zum Thema hatte. Dieser liefert uns einen Schlüssel zum ganzen Rätsel; er ist in der Tat das entscheidende Bindeglied zwischen den beiden Passagen von 1917 und 1924.

Im Vortrag von 1920 sehen wir zunächst, wie Steiner die entscheidend wichtige Modifikation macht, indem er nicht mehr sagt, dass die vier Individualitäten von einer gemeinsamen «Quelle», sondern dass sie von demselben «Eingeweihten» inspiriert werden. Steiner drückt dies folgendermaßen aus: «Für denjenigen, der das geistige Leben zu studieren in der Lage ist, weist der Baconismus und der Shakespearismus auf dieselbe außerirdische, *aber im Irdischen repräsentierte Quelle hin.*»[22] (Hervorhebung RR.)

Einige Zeilen später führt er dies weiter aus: «Aber ganz aus derselben Quelle, aus der die Inspiration Bacon-Shakespeare stammt, stammen für Mitteleuropa – sogar von derselben Initiiertenpersönlichkeit ausgehend – die Geistesströmung von Jakob Böhme und von dem Süddeutschen Jakobus Baldus.»

Dieser ungewöhnliche Ausdruck «Initiiertenpersönlichkeit» klingt wie ein Echo des früheren Ausdrucks von Steiner über Jakob I., dass er in sich eine «Initiiertenseele» trage.

Dieser Vortrag ist auf vielerlei Weise das genaue Gegenstück zu dem, der in den Vorträgen über *Geschichtliche Symptomatologie* enthalten ist. Da ging die Auseinandersetzung nur um Jakob I. als Persönlichkeit oder als historische Individualität – und ausdrücklich nicht um die «vielen Geheimnisse», die mit Jakob I. verbunden sind, wie das Bacon-Shakespeare-Geheimnis.

Hier dagegen handelt es sich nur um dieses Geheimnis, und die historische Persönlichkeit von Jakob I. wird nirgends erwähnt. Was uns Steiner zu Beginn des Vortrags jedoch liefert – als eine Art Entschuldigung für alles Weitere, was er sagen wird –, ist die ganze Grundlage für das, was wir in einem Zusammenhang wie diesem unter «Persönlichkeit» verstehen sollten.

Der Vortrag spricht direkt die Abneigung an, die man möglicherweise empfinden kann, wenn man erfährt, dass der erwähnte Eingeweihte Jakob I. ist. Da diese Abneigung heute wohl noch genauso stark sein wird, zitiere ich im Einzelnen. Nachdem Steiner darauf hingewiesen hat, dass man ganz anders als gewöhnlich über «den Einfluss erwähnter Gestalten in der Geschichte» denken muss, führt er aus: «Man hat gewöhnlich die Vorstellung, dass eine Persönlichkeit – sei sie eine künstlerische, sei sie eine staatsmännische, eine religiöse oder eine sonstige Persönlichkeit, die wirksam ist in der Geschichte, durch dasjenige wirkt, was sich auf dem Wege bewusst sich abspielender Impulse ausbreitet, und dass eine solche Persönlichkeit nur auf diesem Wege wirke. Und man betrachtet dann Fragen, die damit im Zusammenhang stehen, so, dass man darauf hinschaut: Was hat eine solche Persönlichkeit getan, was hat sie ausgesprochen, wie ist das unter die Menschen gekommen und dergleichen? So einfach verhält sich gerade in den signifikantesten Fällen des geschichtlichen Werdens die Sache nicht, sondern es hängt dasjenige, was in der Menschheitsentwickelung wirksam ist, ab von den treibenden geistigen Kräften, die hinter dem geschichtlichen Werden stehen, und Persönlichkeiten sind gewissermaßen nur die Mittel und Wege, durch die gewisse treibende geistige Kräfte und Mächte aus der geistigen Welt heraus in unser geschichtliches Erdenwerden hereinwirken. Das widerspricht nicht dem, dass nicht auch vieles von der Individualität, von der Subjektivität solcher führender Persönlichkeiten hinauswirkte in weitere Kreise. Das ist ja selbstverständlich. Aber man bekommt von der Geschichte erst den richtigen Begriff, wenn man sich klar darüber ist, dass, wenn da oder dort ein sogenannter großer Mann dies oder jenes ausspricht, durch ihn sprechen die führenden geistigen Mächte der Menschheitsentwickelung und dass er gewissermaßen nur das Symptom dafür ist, dass gewisse treibende Kräfte da sind. Er ist das Tor, durch das diese Kräfte hereinsprechen in das geschichtliche Werden.»

Wir sollten uns von der geschichtlichen individuellen Persönlichkeitserscheinung nicht abstoßen lassen, sondern unser Augenmerk stattdessen auf die geistigen Impulse lenken, die durch die Persönlichkeit wirksam werden. Steiner betont nochmals: «Wenn dann zum Beispiel irgendeine Persönlichkeit einer gewissen geschichtlichen Periode angeführt wird und man versucht, sie in ihrem Einfluss auf die ganze Konfiguration der Zeit zu charakterisieren, so bedeutet das nicht, dass man den Glauben erwecken wolle, wenn man geisteswissenschaftlich spricht, dass dieser Mann nur durch die Kraft seiner Persönlichkeit so gewirkt hat, wie es der Fall ist.»

Der Einfluss einer solchen führenden Persönlichkeit kann nicht nur auf die Personen beschränkt werden, die ihrem Wirken direkt begegnen, «weil die betreffende Persönlichkeit (...) bloß der Ausdruck ist für gewisse Kräfte, die hinter ihr stehen, und von diesen Kräften sind dann die weiteren Kreise beeinflusst und beeindruckt worden. An dieser Persönlichkeit sieht man nur, was in der Zeit wirkt.»

Man kann im Lichte des letztzitierten Satzes fragen, was das tatsächliche Wirken einer solchen Persönlichkeit ist. Steiner erhellt dies in Worten, die hilfreich sind für ein Verständnis dafür, wie eine geistige Strömung «auf Erden vertreten» werden kann: «Es könnte in einer Zeit irgendeine Geistesströmung, eine Geistesrichtung, in dem Unterbewussten weiter Kreise von Menschenseelen wirken. Bei einer Persönlichkeit könnte das so zum Ausdruck kommen, dass das, was weite Kreise, vielleicht ganze Völker, nur ahnen, diese einzelne Persönlichkeit besonders charakteristisch klar formuliert.»

Erinnern wir uns daran, dass Steiner über König Jakob sagte, dass nicht einmal das, was er selbst geschrieben habe, uns einen klaren Einblick in seine Seele gebe, so sind die folgenden Worte besonders charakteristisch: dass aber vielleicht «diese einzelne Persönlichkeit (...) es überhaupt nicht niederschreibt, vielleicht nur fünf, sechs anderen Menschen sagt oder auch gar nichts sagt».[23]

Natürlich kann nach Steiner «aber auch einmal durchaus das Umgekehrte der Fall sein. Von einer Persönlichkeit kann eine breite Wirkung ausgehen.» Doch in diesem besonderen Vortrag «muss das andere ausdrücklich gesagt werden», um Missverständnisse zu vermeiden.

Möglicherweise war Rudolf Steiner bei diesem Vortrag durchaus bereit, Jakob als Initiierten hinter Bacon und Shakespeare (und Böhme und Balde) zu *nennen*, was uns zeigt, was für Anstrengungen Steiner machen musste, um mögliche Missverständnisse bei den Hörern zu vermeiden und um den mutmaßlichen Widerstand zu überwinden, den die Nennung von Jakobs Namen auslösen würde.

Ein weiteres mögliches Missverständnis könnte darin bestehen, dass man mit der Bezeichnung von König Jakob als dem Eingeweihten andeuten wolle, dass der Impuls, der durch die Werke von Jakob Böhme ging und der auch die mitteleuropäische Kultur tief durchdrang, als ein in erster Linie «englischer» Impuls betrachtet werden müsse: Es sollten «gewisse Dinge nicht so genommen werden, dass man etwa sagt: Wenn jemand eine Persönlichkeit charakterisiert als bedeutsam für irgendeine Zeit, so charakterisiert er damit etwas, was nur in irgendeiner Ecke geschieht, während man doch ein Interesse daran hat, dasjenige charakterisiert zu hören, was in den breiten Massen vor sich geht.»

Erst als alle diese Missverständnisse ausgeräumt sind, beginnt Steiner mit dem Hauptteil seines Vortrags. Er wirft nun auf die ganze Bacon-Shakespeare- (und Böhme-Balde)-Frage erneut klärendes Licht, besonders hinsichtlich der Beziehung, die zwischen dem kulturellen Leben und der Spiritualität Mitteleuropas und Englands besteht.

So bedeutsam erscheinen Steiner diese Ausführungen, dass er, um jegliche Vermutung, es handle sich hier um vom Alltag fernab liegende Dinge, mit der Bemerkung zerstreut: «Die Fragen, die ich hiermit gestreift habe, scheinen in sehr, sehr über dem Alltagsleben gelegenen Gebieten zu leben, aber sie sind es nicht. Diese Fragen sind diejenigen, die heute den allerwichtigsten, weltgestaltenden Fragen zugrunde liegen, und niemand wird sich die große Frage: Wie stehen Ost und West, wie stehen Europa, Asien und Amerika? – beantworten können, der nicht zurückgehen will auf diese Dinge.»[22]

Die beiden entscheidenden Punkte des Vortrags – dass eine einzige «eingeweihte Persönlichkeit» hinter den vieren stand und dass man sich nicht täuschen lassen darf von dem, was man von der irdischen «Persönlichkeit» solcher führenden Individualitäten weiß –, diese Punkte werden im Jahre 1924 zum letzten Mal aufgegriffen und am vollständigsten behandelt. Mit allem, was wir nun bereits als Hintergrund haben, werden wir wohl bei Steiners Worten hellhöriger sein als ohne dieses Vorwissen.

Steiner spricht nun nicht nur von einer «eingeweihten Persönlichkeit», er geht weiter und sagt direkt «ein Eingeweihter»:

«Da ja die Wahrheit so liegt, dass in der Zeit, als Bacon, Shakespeare, Jakob Böhme und noch ein anderer gewirkt haben, *ein Eingeweihter* da war, der eigentlich durch alle vier gesprochen hat. Daher ihre Verwandtschaft, weil tatsächlich das auf *einen* Quell zurückgeht.» (Hervorhebung RR.)

Und jetzt kann er den mächtigen Widerstand schildern, den unsere Kenntnis der irdischen Persönlichkeit eines Menschen gegenüber der historischen Individualität bildet, welche dieser Eingeweihte war: «(...) natürlich disputieren die Leute, die mit äußeren Argumenten disputieren, nicht über einen Eingeweihten, der dahinter gestanden hat, sintemalen dieser Eingeweihte in der Geschichte geschildert wird – wie ja mancher moderne Eingeweihte – als ein ziemlich lästiger Patron.»

Steiner hätte nicht klarer sprechen können, als er es hier tat. Er fährt fort: «Aber er war nicht bloß das. In seinen äußeren Handlungen war er es schon auch, aber er war nicht bloß das, sondern er war eben eine Individualität, von der ungeheure Kräfte ausgingen und auf die eigentlich zurückgingen sowohl die Baconschen philosophischen Werke wie auch die Shakespearschen Dramen, wie die Jakob Böhmeschen Werke und wie noch die Werke des Jesuiten Jakob Balde.»

Wir wissen auch von ein paar Privatgesprächen, die Rudolf Steiner über dieses Thema führte. Das letzte hatte er kaum drei Tage vor seinem Tode mit Albert Steffen.[24]

Dem Inhalt nach erfahren wir wenig mehr, als dass Steiner von seiner Forschung über «Shakespeare, Jakob Balde, Böhme und Bacon» sprach und «auf die gemeinsame Inspirationsquelle deutete».

Rudolf Steiner hatte unmittelbar über die Bacon- und Shakespeare-Frage erstmals im Jahre 1900 gesprochen, als er sagte: «Ich kann heute über diese große Frage noch kein abschließendes Urteil sprechen.»[25] So erstreckte sich Steiners Erforschung dieser Frage von mindestens 1900 an bis zum Ende seines Lebens. Wenn man weiß, wie krank Steiner damals war, so ist Steffens Eindruck bei dem Gespräch umso überraschender: «Wie er so kraftvoll freudig sprach, konnte man glauben, dass die Krisis überwunden wäre.»

Das Alleraußergewöhnlichste an diesem Gespräch war aber sein Datum – der 27. März 1925 – dreihundert Jahre, auf den Tag genau, nach dem Tod von Jakob I.[26]

Hoffentlich habe ich inzwischen genug gesagt, um wenigstens bei einigen Lesern, einen Erkenntnisschock bewirkt zu haben. Die ganze Sache kann, wie bereits gesagt, nicht auf gewöhnliche Art bewiesen werden, es muss einem wie Schuppen von den Augen fallen. Wenn dies einmal eingetreten ist und wir die ganze Reihe von Steiners Äußerungen lesen, dann kann kein Zweifel mehr bestehen, auf welche historische Gestalt Steiner wirklich hinweist.

Warum so rätselhaft?

Was wir uns dennoch fragen müssen, ist, *warum* sich Rudolf Steiner auf diese eigenartige, rätselvolle Weise über Jakob ausdrückt. Ich selbst wüsste von keiner anderen Person, über die er in derart verschleierter Form spricht. Nichts wird irgendwo direkt gesagt. Alles wird umschrieben und nur angedeutet, sodass es nirgends möglich scheint, das Gesagte klar zu fassen. Immer – außer an zwei Stellen[27] – wenn Jakob erwähnt wird, ist etwas Rätselhaftes in der Art, wie über ihn gesprochen wird. Warum das? Es kann nicht sein, dass Steiner, wenn er über Jakob sprach, besonders, wo er ihn in Verbindung mit Shakespeare und Bacon brachte, die Engländer in ihrer englischen Art des ungefähren Ausdrucks übertrumpfen wollte.

Unsere bisherigen Entdeckungen überblickend, können wir zwei klare Gründe dafür ausmachen. Erstens verlief die spirituelle Entwicklung von Jakob «nicht in gerader Linie, sondern durch einen Ruck». Steiner verglich diesen Ruck mit der Art, «wie wir in der Grundschule lesen lernen, nicht durch eine Schilderung der Buchstabenformen, sondern dadurch, dass man einen Impuls bekommt, dass man die Buchstaben verstehen lernt»[16].

Für Steiner wäre es eine geistige Unwahrheit, über Jakob zu sprechen, ohne dem Rechnung zu tragen. Er kann deshalb die Geheimnisse von Jakobs Wesen nicht Millimeter für Millimeter herausbuchstabieren. Alles, was er tun kann, ist, die relevanten Buchstaben nebeneinander zu stellen, und zwar in der richtigen Reihenfolge. Und von da an wird etwas von dem, was zwischen ihnen lebt, auf uns überspringen und uns in die Lage versetzen, zu *lesen* – oder auch nicht. Es gibt keinen anderen Weg, wie man dieses Geheimnis übermitteln könnte. Dies kann uns übrigens auch viel über die Art sagen, wie Jakobs Inspiration «weit, weithin» auf Bacon und Shakespeare, wie auch auf Böhme und Balde gewirkt haben mag. Man sollte nicht voraussetzen, dass dies in einer gewissermaßen buchstäblichen Art geschah, sondern mehr in Form eines Impulses, der von diesen empfangen wurde.

Der zweite Grund hängt mit der rätselvollen Frage zusammen, ob das, wovon wir reden, der *Persönlichkeit* von König Jakob zuzuschreiben ist. Die einzige Antwort darauf ist: ja und nein. Daher Steiners eigenartige Beschreibung von Jakob – gewissermaßen «bald sieht man ihn, bald wieder nicht» – und die Tatsache, dass er seinen Namen ebenso oft nennt als auch nicht nennt.

Dass Steiner dieses Mysterium auf die ihm eigene Art beschrieb, geschah gewiss nicht in der Absicht, uns permanent im Zweifel zu lassen. Wenn Steiner sagt: «Natürlich (...) disputieren die Leute nicht über einen Eingeweihten, der dahinter gestanden hat» (12.4.1924, GA 236, S. 35), so erwartet er ganz klar von uns, dass *wir* dazu imstande werden. Steiner sprach über dieses Rätsel so, wie er es tat, damit wir es in der richtigen Art verstehen mögen. Das Rätsel liegt nicht darin, ob König Jakob der Initiierte hinter Bacon und Shakespeare ist, sondern nur darin, *wie* man ihn als diesen Initiierten erkennen kann.

Christian Rosenkreutz und Jakob I.

Wir sind natürlich in einer weit glücklicheren Lage als die ersten Hörer von Rudolf Steiner. Anders als sie können wir alles nebeneinander halten, was er zu dem Thema zu sagen hatte, sonst ist der Erkenntnis-Ruck sehr schwer zu machen. Wenn wir dies tun, so muss man schon absichtlich Widerstand leisten, die Sache nicht wie von selbst ins Auge springen zu lassen.

Es ist daher verständlich, dass die ersten Anthroposophen[28] nicht erkannt zu haben scheinen, dass die Individualität, auf die Steiner sich bezog, König Jakob I. gewesen sein könnte. Irgendwie scheint man vermutet zu haben, dass der Eingeweihte wohl Christian Rosenkreutz gewesen sein müsse, und dies wurde fast wie eine geoffenbarte Wahrheit weitergegeben. Mehrere frühe Anthroposophen, denen wir sehr viel verdanken, nicht zuletzt ihrer Forschungsarbeit in Bezug auf Shakespeare, König Jakob I. und das Rosenkreuzertum, erklärten öffentlich, dass Steiner sich auf Christian Rosenkreutz bezogen habe. Isabel Wyatt und Margaret Bennell sagen dies, ebenso Karl König, Ernst Lehrs und Francis Edmunds.[29] Nicht ohne Zaudern widerspreche ich solch erlauchter Gesellschaft. Da so viele andere dies auch geglaubt haben oder es noch heute glauben, ist es nötig, das Problem hier kurz anzusprechen.

Dass selbst die Leute, denen die Verwandtschaft zwischen Shakespeare und Bacon aufgefallen ist, nie über den Eingeweihten hinter den beiden sprechen, liegt nach Steiner daran, dass «dieser Eingeweihte in der Geschichte geschildert wird – wie ja mancher moderne Eingeweihte – als ein ziemlich lästiger Patron». Christian Rosenkreutz wird «in der Geschichte» überhaupt nicht «geschildert». Die Historikerin Frances Yates untersuchte mit Akribie die Rosenkreuzerbewegung zur damaligen Zeit, und kein äußerer Beweis, den sie fand, brachte sie dazu, an eine tatsächliche Individualität mit Namen Christian Rosenkreutz zu glauben. Man fragte mich, ob Steiner vielleicht auf den Grafen von Saint Germain angespielt haben mag, von dem er sagte, dass er eine Wiedergeburt des Christian Rosenkreutz gewesen sei.[30] Doch Steiners Worte sind unzweideutig: dass nämlich «in der Zeit, als Bacon, Shakespeare, Jakob Böhme und noch ein anderer gewirkt haben, *ein Eingeweihter da war*».[31] Das kann unmöglich der Graf von Saint Germain gewesen sein, der damals noch nicht geboren war.[32] Weil Christian Rosenkreutz solch eine schwer fassbare Gestalt ist, würde es an sich leichtfallen, sich *ihn* als diesen Eingeweihten vorzustellen. Wir würden uns diesen Eingeweihten einfach *gerne* als Christian Rosenkreutz vorstellen, empfinden dabei aber dieselbe Art von Widerstand, die Steiner beschreibt, wenn wir uns von Jakob I. vorstellen sollen, dass er es gewesen sei.

Steiner erwähnt Christian Rosenkreutz im Zusammenhang mit den Bemerkungen über Bacon, Shakespeare, Böhme und Balde an keiner Stelle. Auch spricht er nicht von Christian Rosenkreutz, wenn er über obiges Geheimnis spricht. Deshalb ist es reine Spekulation, wenn man an diesem Punkt anfängt, an Christian Rosenkreutz zu denken. Wir finden vielmehr, dass es eine ganze Reihe sich allmählich entwickelnder Aussagen über Jakob I. und diese anderen vier Persönlichkeiten gibt und dass sie alle im Hinweis auf den «lästigen Patron» kulminieren.

Man glaubte, dass, wenn man die Individualität betrachten sollte, die hinter Shakespeare, Bacon und Böhme stand (wir wissen weniger von Balde)[33], dies ganz sicherlich Christian Rosenkreutz sein musste, die einzige Individualität, die groß genug erschien, deren Inspiration zu bewirken. Doch wage ich zu behaupten: So riesig und «gigantisch» derjenige sein muss, auf den sich Steiner in diesem Zusammenhang bezieht, die Aufgaben von Christian Rosenkreutz sind noch riesiger. So schwierig es auch sein mag, bei so ungeheuer Großem von Grenzen zu sprechen, Steiner spricht *nur* von der Arbeit von vier Individualitäten, die von diesem Eingeweihten inspiriert wurden, wohingegen der Einfluss von Christian Rosenkreutz, meiner Auffassung nach, sich nicht in solcher Art begrenzen lässt. Es scheint völlig unpassend, die Wirksamkeit von Christian Rosenkreutz auf die besondere Aufgabe, unmittelbar hinter diesen vier Individualitäten zu stehen, zu beschränken. Damit wird aber *nicht* behauptet, dass es keinen rosenkreuzerischen Einfluss auf Jakob und somit auch auf Shakespeare, Bacon[34], Böhme und Balde gegeben habe. Ein Eingeweihter jener Zeit müsste doch, möchte man annehmen, offen sein für einen solchen Einfluss. Ich habe aber den Eindruck, dass man die «besondere Beziehung» von Shakespeare, Bacon und Böhme[35] zu Christian Rosenkreutz überbetont hat. Rudolf Steiner gibt an, dass man wegen des dahinter stehenden Eingeweihten Francis Bacon im philosophischen Bereich als eine «Seele, die weithin ungeheuer anregend wirkte» ansehen muss. Dies sind fast exakt dieselben Worte, die Steiner über Jakob I.[36] äußerte, was sinnvoll ist, wenn man *Jakob* als den Eingeweihten ansieht.

Wenn man den Eingeweihten in Christian Rosenkreutz vermutet, dann sagt man, das Werk von Francis Bacon und das Werk von Christian Rosenkreutz seien gewissermaßen *dasselbe*. Diese Ansicht wird keineswegs nur von Menschen vertreten, die sich dem Werk von Rudolf Steiner verpflichtet fühlen. So sagt zum Beispiel Peter Dawkins über Francis Bacon in seinem Buch *Francis Bacon, Herald of the New Age*[37] über Bacon: «Francis Bacon war der wahre Fra. Christian Rosenkreutz, der ‹Vater› der Rosenkreuzerbruderschaft, die im frühen 17. Jahrhundert ihre Gründung kundgab.» Diese Auffassung rechnet offensichtlich nicht mit der Existenz eines Eingeweihten *hinter* Bacon und einer Individualität namens Christian Rosenkreutz. Doch wenn wir Bacons Werke wirklich Christian Rosenkreutz zuschreiben, dann brauchen wir uns meiner Meinung nach nicht spitzfindig mit Dawkins Ansicht oder mit seiner Bemerkung über die mutmaßliche Entdeckung des Grabes von Christian Rosenkreutz im Jahre 1604 zu beschäftigen: «Das ‹Grab› stellt eine Analogie zu Bacons Pyramide der Philosophie dar.»

Dies bedeutet einerseits, für Francis Bacon zuviel in Anspruch zu nehmen, und andrerseits, die wahre Spiritualität und den wahren Einfluss von Christian Rosenkreutz herabzumindern.

Wenn wir stattdessen in Jakob I. den Eingeweihten hinter Bacon sehen, erhalten wir ein etwas anderes Bild. Es war nach Steiner Jakob, der «den Anstoß gegeben hat sowohl zu dem äußeren britischen Geistesleben wie auch zu dem okkulten britischen Geistesleben»[17]. Jakob, sagt er, «steht am Ausgangspunkt der Erneuerung der Bruderschaften».[38] Es war der geistige Einfluss Jakobs – «eines der bedeutendsten okkultistischen Menschen» –, welcher der Wahl seines Schwiegersohnes, des Kurfürsten Friedrich von der Pfalz, zum König von Böhmen zugrunde lag.[38]

Wenn wir nicht nur auf dasjenige blicken, was von Menschen geschrieben wurde, die Rudolf Steiners Werk kennen, sondern auch auf die gängige – und populäre – *englische* Literatur über die geistigen Ursprünge des englischen Geisteslebens, dann finden wir, dass in vielen Fällen fast dasselbe von Francis Bacon behauptet wird, was Steiner von Jakob sagt. Bacon wird als die große inspirierende Persönlichkeit oder gar als der Eingeweihte betrachtet, der hinter dem englischen Geistesleben steht. Man hält ihn für den Begründer der Freimaurerei. Ein großer Teil dieser Literatur hebt insbesondere die Bewegung hervor, die mit dem Kurfürsten Friedrich in Zusammenhang steht, und betont die enge Verbindung zum englischen kulturellen und geistigen Leben infolge von Friedrichs Heirat mit Jakobs Tochter Elisabeth im Jahre 1613. Francis Bacon schrieb ein Maskenspiel, das bei den Hochzeitsfeierlichkeiten aufgeführt wurde.[39]

Rudolf Steiner spricht keineswegs nur ganz positiv über alle diese Vorgänge und über den Einfluss dieser Bruderschaften, im Gegensatz zum Großteil gegenwärtiger englischer Literatur.[40] Doch ist dies im Augenblick nicht das Problem. Was ich sagen will, ist, dass sich alles, was diese Literatur als okkultes Wirken von Francis Bacon beschreibt, genau mit allem deckt, was Steiner über König Jakob sagt – was einleuchtend erscheint, wenn man *Jakob* als den hinter Bacon stehenden Eingeweihten betrachtet. Es deckt sich aber gar nicht mit dem, was Steiner über Christian Rosenkreutz sagt.

Natürlich spricht die Literatur über Bacon nicht von einem Eingeweihten hinter Bacon, und schon gar nicht von Jakob I. Von Jakob hat man sich im Großen und Ganzen ein Standardbild gemacht als von einem Menschen, der allem Okkulten ablehnend gegenüberstand. (Möglicherweise entstand dieses Bild, weil sich Jakob nicht mit der spirituellen Bewegung verbinden wollte, die in Friedrich und Elisabeth einen Mittelpunkt fand, in welcher Bacon aber als so einflussreich betrachtet wird.) Diese Bewegung wird im gegenwärtigen Schrifttum als synonym mit dem Rosenkreuzertum[41] dargestellt, als ob es sich beim Rosenkreuzertum nicht um mehr als das handelte. Doch je mehr aus dieser Zeit zutage tritt, je schwerer wird es, diese Sicht über Jakob aufrechtzuerhalten. Die Menschen waren irritiert über solche Dinge wie den Rosenkreuzerweihnachtsgruß, den Michael Maier (siehe Bild 17) an König Jakob sandte, oder Robert Fludds Widmung seines Buches *Utriusque Cosmi Historia* an König Jakob.[42] Adrian Gilbert drückt zusätzliches Befremden über die Tatsache aus, dass Jakob, «trotz seiner Abneigung gegenüber dem Okkultismus (...) der erste englische Monarch [war], von dem man zuverlässig nachweisen konnte, dass er Freimaurer war»[43].

Die äußeren Einzelheiten – oder zumindest einige davon – der Verbindung Jakobs mit der Freimaurerei kommen erst seit kurzem nach und nach zum Vorschein. Sie wurden in Robert Lomas' Werk *The Invisible College – The Royal Society, Freemasonry and the Birth of Modern Science*, ausführlichst dokumentiert. Die Forschungen von Lomas über diese früher nicht berührte Seite von König Jakob führten ihn dazu, die Eigenart der Beziehung zwischen Jakob und Francis Bacon neu zu hinterfragen. Die Fragen, die sich Lomas einzig auf Grund seiner Suche nach äußeren Beweisen stellte, sind ungeheuer interessant, wenn man sie mit dem Bild vergleicht, das Steiner von Francis Bacon und dem «ziemlich lästigen Patron», der ihn inspirierte, gezeichnet hat. Lomas fragt: «War es nur Zufall, dass [Bacons] erster ernsthafter Versuch, Begriffe darüber zu entwickeln, wie man sich der Naturwissenschaft nähern sollte, ins zweite Jahr der Regierungszeit Jakobs VI. (I.) fiel? Bacon hatte das Problem, wie man die Geheimnisse der Natur studieren sollte, nicht angesprochen, bevor Jakob aus Schottland kam. Hatte er Kunde bekommen von einer Art neuer Philosophie am Hofe Jakobs VI. (I.)»? Lomas fasst sein Kapitel über dieses Thema kurz wie folgt zusammen: «Francis Bacon ist nie ein besonders guter Naturwissenschaftler gewesen, doch im letzten Drittel seines Lebens fing er an, sich für die Methoden des Naturstudiums zu interessieren. Dieses Interesse an der Naturwissenschaft zeigte sich jedoch erst nach der Ankunft Jakobs VI. (I.) in England. Bacon ist auf dem Titelblatt von Thomas Spratts *History of the Royal Society* inmitten einer Vielfalt freimaurerischer Symbole abgebildet. Bacon selbst verwendete in seinen eigenen Schriften und auf den Umschlägen seiner Bücher in reichem Maße freimaurerische Symbolik. Aber nochmals, der Gebrauch von freimaurerischer Symbolik begann erst nach der Ankunft von König Jakob in London. (...) Ich beschloss daher, König Jakob VI. (I.) einer näheren Betrachtung zu unterziehen.»[44]

Drittes Kapitel

Spuren bei Bacon und Shakespeare

Bacon

Wenn wir Bacons Verbindung mit Jakob I. näher betrachten, können wir nicht anderes als überrascht sein über das, was wir dabei entdecken.

The Advancement of Learning, das im zweiten Regierungsjahr Jakobs I., nämlich 1605 erschienene Buch, auf das sich Lomas bezieht, ist fast als ein Zwiegespräch mit König Jakob geschrieben. Beide Teile des Buches sind nicht nur ausdrücklich an den König gerichtet, sondern beginnen auch mit einem längeren Vorwort zum Lobe von Jakob, und so geht es auch im Haupttext weiter, der sich immer wieder an «Eure Majestät» richtet.

Die Lobreden auf König Jakob im Vorwort sind nicht von gewöhnlicher Art. Sie führen Bacon schließlich dazu, König Jakob mit Hermes Trismegistos zu vergleichen: «In Eurer Majestät findet sich eine seltene Verbindung von göttlicher und geheiligter, aber auch von irdischer und menschlicher Literatur; ebenso kommt Eurer Majestät jene Trinität zu, die in großer Verehrung dem Hermes der Antike zugeschrieben wurde: die Macht und das Vermögen eines Königs, das Wissen und die Erleuchtung eines Priesters, die Bildung und die Universalität eines Philosophen.»[1]

Wir sollten uns davor hüten, dies nur als eine übertriebene Schmeichelei einem König gegenüber anzusehen, vor allem, da Bacon dies ausdrücklich verneint: «Auch gehen mich gewisse höfische Gepflogenheiten nichts an, die es für Schmeichelei ansehen, jemanden in dessen Anwesenheit zu loben. Nein, es ist Schmeichelei, jemanden in Abwesenheit zu loben, das heißt, das Lob ist unberechtigt oder die Gelegenheit dazu fehlt; und dann ist das Lob nicht natürlich, sondern gezwungen.»[2]

Und dann nochmals: «*Ich bin mir sicher, dass, was ich sage, keinerlei Übertreibung ist, sondern eine positive und angemessene Wahrheit*; was heißt, dass es seit Christi Geburt keinen König oder weltlichen Monarchen gegeben hat, der in solcher Art in aller Literatur bewandert und von solcher Gelehrsamkeit in göttlichen und menschlichen Dingen war.»[3] (Hervorhebung RR.)

Bacons *Novum Organum* (The New Organon) ist im Vorwort ebenfalls König Jakob gewidmet: «Diese Wiederbelebung und Erneuerung der Naturwissenschaften ist zu Recht der Zeit des weisesten und gebildetsten aller Könige zu verdanken.»

Wie in seinem *Advancement of Learning* vergleicht Bacon König Jakob mit Salomo: «Ihr macht in so vielem Salomo den Rang streitig, im Gewicht des Urteils, im Frieden in Eurem Königreich, in der Größe des Herzens und schließlich in der bemerkenswerten Vielfalt an Büchern, die Ihr verfasst habt.»[4]

In solchen Worten bat Bacon Jakob um die nötige Unterstützung seiner eigenen Unternehmungen, indem er Jakob ermutigte, «jenem König auch auf andere Art nachzueifern, indem er Schritte unternehmen sollte, eine experimentelle Naturgeschichte aufzubauen und zu vervollkommnen».

Wir können daraus ersehen sehen, dass König Solamona in Bacons *New Atlantis* auch mit König Jakob gleichgesetzt wird.[5] Dieser König ist, wie schon sein Name andeutet, auf besondere Art mit dem biblischen König Salomo verbunden, «da er in vielem diesen König der Hebräer versinnbildlicht». Der Höhepunkt dieser Analogie besteht in der Verwandtschaft von Salomos «Naturwissenschaft» mit Solamonas ähnlichem Verdienst, nämlich seiner Gründung eines Instituts mit dem Namen «Salomons Haus», das dem Studium der «Werke und der Geschöpfe Gottes» geweiht ist.[6]

Auch Bacons *Henry VII* weist starke Bezüge zu König Jakob auf. Ein Herausgeber von Bacons Werken schreibt, dass Bacon, nachdem er gestürzt worden war, den König bat, «seinen Geist auf jedwedes Unternehmen zu richten, das seiner Regentschaft

Glanz verleihen möge. Die Geschichte von Henry VII wurde vom Monarchen als ein seiner eigenen Feder würdiges Werk betrachtet.»[7] Ich habe die konkreten Briefe, auf die sich Devey bezieht, nicht gefunden, doch es fest steht, dass Bacon an Jakob ein Manuskriptexemplar mit den Worten gesandt hat: «Ich hätte es nicht gewagt, Eure Majestät inständig zu bitten, das Buch durchzusehen und zu korrigieren, oder zumindest anzumerken, was Ihr verbessert haben wolltet. Doch da Ihr so gnädig nach dem Buch gesandt habt, erhoffe ich mir dies.»[8]

Und früher im selben Jahr machte Bacon, gegen den ein Verfahren wegen der Annahme von Bestechungsgeldern lief, dem König folgendes befremdliche Angebot: «Da einer, der Bestechungsgelder annahm, in der Lage ist, auch solche anzubieten, möchte ich noch weiter gehen und Eurer Majestät eine Bestechung offerieren. Denn wenn Eure Majestät mir Frieden und Muße gewährt und Gott mir dazu Leben verleiht, möchte ich Eurer Majestät eine gute Geschichte Englands und eine noch bessere Zusammenfassung Eurer Gesetze überreichen.»[9]

In einem Brief an König Jakob bezüglich des *New Organon* bemerkt Bacon, dass er, obwohl seine wissenschaftliche Methode nur das zulasse, was durch die Sinne erfahren werden kann, alles, was König Jakob zu sagen beliebe, als Ausnahme (!) miteinbeziehen werde: «Denn obwohl dieses Werk grundsätzlich alles ablehnt, was nicht durch Prüfung und die Ergebnisse dieser Prüfung nachgewiesen wird, sollte die Schärfe und Tiefe des Urteils Eurer Majestät eine Ausnahme zu dieser Regel sein.»[10]

Wie Lisa Jardine zu Recht kommentiert, muss *The New Organon* deshalb als ein «Werk der Zusammenarbeit zwischen dem Souverän und seinem Lordkanzler angesehen werden»[11].

Was wir also, wenn wir die Verbindung von Bacons Werken mit König Jakob untersuchen, tatsächlich entdecken, ist, dass es eine durchgängige Linie durch Bacons größere Werke gibt – *The Advancement of Learning, The New Organon, The New Atlantis* und *Henry VII* –, die weit entfernt davon ist, nur aus zufälligen, schmeichlerischen Bemerkungen zu bestehen.

Es genügt nicht, festzustellen, dass der Großteil von Bacons Werk König Jakob gewidmet ist. Schon äußerlich lässt sich sogar zeigen, dass dieses Werk in gewissem Sinne das Ergebnis der Zusammenarbeit mit König Jakob ist.

Schließlich macht Bacon eine Anzahl von Bemerkungen über seine Beziehung zu König Jakob, die besser als irgendetwas sonst genau das Phänomen beschreiben, auf das wir hingewiesen haben: «Ich bin zu allen Zeiten Euer Mann gewesen und betrachtete mich nur als Nutznießer meiner Werke, deren Eigentum Euch zusteht.»[12] – «Dieses Werk ist nur ein anderer Leib aus Lehm, dem Eure Majestät durch Euer Angesicht und durch Euren Schutz Leben einhauchen möge.»[13] – «Wie ich oft zu Eurer Majestät sagte, war ich gegen Euch nur wie ein Eimer und eine Zisterne; wobei ich hervorbrachte und bewahrte, wovon Ihr die Quelle ward.»[14]

Shakespeare

Wenn wir bei Francis Bacon auf derartige Hinweise stoßen, so liegt die Frage nahe, ob Ähnliches auch bei William Shakespeare zu finden ist. Dies ist, wie wir Schritt für Schritt entdecken, tatsächlich der Fall. Uns interessiert natürlich vor allem die Frage, in welcher Weise der Einfluss König Jakobs im Werk Shakespeares nach 1603, das heißt nach Jakobs Thronbesteigung, nachweisbar ist. Schauen wir uns zunächst drei Dramen an, in denen dieser Einfluss zweifellos am Werk war.

Shakespeare selbst legte anscheinend im Jahre 1603 eine schöpferische Pause ein, da er in diesem Jahr kein Stück verfasst hat, was ungewöhnlich war. Am 26. Dezember 1604 wurde dann vor dem König und seinem Gefolge im Bankettsaal von Whitehall *Maß für Maß* aufgeführt. Man hat viel über die Ähnlichkeiten zwischen Vincentio, dem rätselhaften Herzog im Drama, dem «phantastischen Herzog, dem Winkelkriecher»[15] und Jakob I. geschrieben. Die Arden-Shakespeare-Ausgabe schließt ihren dreiseitigen Kommentar dazu wie folgt: «Wollte man im Herzog ein genaues Ebenbild von Jakob sehen, so hieße das Shakespeares dramatische Methode und auch die Praxis des zeitgenössischen Theaters verkennen. Doch gar keine Parallele zwischen den beiden Persönlichkeiten zu vermuten oder gemäß der bekannten Formel zu behaupten, dass jede Ähnlichkeit mit lebenden Personen rein zufällig wäre, erscheint ebenso unhaltbar.»[16]

Man könnte *Macbeth*, der 1606 zur Uraufführung kam, als Teststück für die Art von Zusammenarbeit zwischen Shakespeare und seinem Gönner König Jakob betrachten. Das Drama wird oft das «Königsdrama» genannt. Obwohl man im Allgemeinen nicht genau weiß, welcher König gemeint ist, wird es auch «König Jakobs Drama»[17] und «das Königsdrama von Macbeth»[18] genannt. Wer den Hintergrund von Macbeth studiert hat, sieht die enge Verbindung zwischen dem Drama und König Jakob sehr wohl. Jakob hatte 1590 nach seiner Rückkehr aus Dänemark mit seiner Braut, Königin Anna von Dänemark, intensive Begegnungen mit Hexen und Hexenmeistern. Es geht das Gerücht, dass Hexen Stürme herbeizuzaubern suchten, damit das Schiff mit dem königlichen Paar Schottland niemals erreichen solle. Die detaillierten Angaben und des Königs persönliches Erscheinen bei den Hexenprozessen, wo Jakob den Hexen befahl, vor ihm einen Teil ihrer Künste vorzuführen, sind immer noch eine ergreifende und zu Zeiten auch höchst beunruhigende Lektüre.[19] Jakob wird im *Macbeth* als direkter Nachkomme von Banquo bezeichnet und somit als wahrer Erbe des schottischen Thrones wie auch in Verbindung mit dem göttlichen Recht gebracht, das den englischen Thron garantiert.[20] So wird Jakob im Stück als der erste Herrscher beider Throne von England und Schottland – von «Großbritannien» begrüßt. Man lenkte auch die Aufmerksamkeit auf den Einfluss im *Macbeth*, der von dem «starken theologischen Geistesinteresse Jakobs» herrührte.[21] Fast überall im *Macbeth* lassen sich demnach Hinweise auf König Jakob finden.

Dies bis in alle Einzelheiten zu untersuchen ist nicht meine Absicht. Ich möchte nur auf das enge Verhältnis zwischen

Shakespeare und Jakob hinweisen, das im *Macbeth* besonders sichtbar ist. So bemerkt Ted Hughes, der ganz sicher kein Interesse daran hat, das Drama unter einer simplifizierenden historischen Perspektive zu betrachten: «Zweifellos gestaltete Shakespeare sein Drama im Bewusstsein, dass dieser Schotte sein wichtigstes Publikum war.»[22] John Wain geht sogar noch weiter und erinnert daran, was Lisa Jardine über das gegenseitige Verhältnis von Jakob und Bacon zu sagen hatte: «Shakespeares Phantasie war ungeheuer aufnahmefähig. Nach Jakobs Thronbesteigung lasen sehr viele Engländer seine Werke aus bloßer Neugierde, und Shakespeare wird wohl kaum weniger neugierig gewesen sein als sie (...) *Macbeth* ist zweifellos das Ergebnis dieser Befruchtung. Sodass wir sagen könnten, *König Jakob und der größte seiner Untertanen* [Shakespeare] *waren bei dieser Gelegenheit Kollaborateure.*»[23] (Hervorhebung RR.)

Das dritte Drama, in dem der Einfluss von Jakob auf Shakespeare unleugbar ist, ist *Cymbeline*. In *Shakespeare's last Plays* widmet Frances Yates ein ganzes Kapitel den symbolischen Verbindungen zwischen König Jakob und Cymbeline. Sie weist darauf hin, dass sowohl Cymbeline wie Jakob zwei Söhne und eine Tochter haben, und zieht eine Parallele zwischen der so wichtigen Rolle, die der Schwiegersohn Cymbelines, Posthumus Leonatus, im Stück spielt, und Jakobs Schwiegersohn Friedrich, dem künftigen König von Böhmen. Laut Yates wird am Ende des Dramas «alles geheilt durch einen neuen Frieden im Reich und durch ein neues Herabfließen göttlicher Kraft in die heilige Regierung von Cymbeline – Augustus – Jakob».

Ein eindeutiger Beweis, dass Cymbeline und Jakob identisch sind, findet man, wenn man *Cymbeline* und eine Passage aus *Heinrich VIII.*, dem letzten Drama Shakespeares, vergleicht. Am Ende dieses Dramas (das Stück trägt den Untertitel «Alles ist wahr»), das die Geschichte bis zu Shakespeares Zeit heraufführt, prophezeit der Erzbischof Cranmer vom Monarchen – Jakob I. –, der Königin Elisabeth auf dem Throne folgt: Es

«(...) erzeugt aus ihrer Asche sich der Erbe,
so wunderwürdig auch, wie sie es war;
und weit, wie Berges Zedern, seine Zweige
auf Ebnen strecken. (Akt V, Sz. V.)

Cymbeline enthält auch eine Prophezeiung über das künftige Schicksal Englands, und die «Zeder» in dieser Prophezeiung wird ausdrücklich mit Cymbeline verbunden (durch den Wahrsager, Philarmonus):

«Die Zeder, königlicher Cymbeline, bist du.» (Akt V, Sz. V.)

Die gesamte, sich auf Großbritannien beziehende politische Ebene in *Cymbeline* ist in der Tat derart verwickelt, dass man einen fruchtbaren Vergleich mit Ben Jonsons höfischen Maskenspielen gezogen hat, deren Bedeutung oft von der realen Anwesenheit von König Jakob abhängig waren, um den sich die Ereignisse der Maskenspiele drehten und vor dem sie aufgeführt wurden. So schreibt Leah Marcus: «Wenn wir uns intensiver beschäftigen mit dem Material Jakob betreffend, auf das Cymbeline ständig anspielt, machen wir die Entdeckung, dass das Drama wie eine Hofunterhaltung Jonsons tiefer und überzeugender aufklärt, als selbst die gierigsten politischen Aufklärer es gekonnt hätten.»[24]

Obwohl wir so etwas in einem Maskenspiel erwarten, so erwarten wir dies normalerweise gewiss nicht bei Shakespeare, weshalb vielleicht noch heute mehrere Literaturwissenschaftler unsicher sind, wie sie *Cymbeline* im Gesamtwerk Shakespeares einordnen sollen. Es ist fast, als ob in *Cymbeline* eine geologische Schicht an die Oberfläche durchbrechen und sichtbar werden würde, die in anderen Dramen unsichtbar bleibt. Was diese Schicht zeigt, wie auch schon im *Macbeth*, ist eine höchst bemerkenswerte Zweckgemeinschaft zwischen Shakespeare und seinem königlichen Schutzherrn, König Jakob.

In diesen drei Dramen – *Maß für Maß*, *Macbeth* und *Cymbeline* – ist die Beziehung zwischen Shakespeare und König Jakob am ehesten zu sehen. Doch bei weiterer Untersuchung können wir mit Staunen die Entdeckung machen, dass eine Art Verbindung zwischen Shakespeare und König Jakob *in jedem einzelnen Drama von 1603 an* gefunden worden ist. Auch dies werde ich nicht im Einzelnen erläutern, sondern nur darauf hinweisen. Die einzige durchgängige Behandlung der äußeren Beziehung zwischen Shakespeare und König Jakob unternimmt Alvin Kernan in seinem Buch *Shakespeare, The King's Playwright*[25], und zwar anhand von sieben Dramen: *Hamlet*[26], *Maß für Maß*, *Macbeth, König Lear, Antonius und Kleopatra, Coriolan* und *Der Sturm*, und Kernan weist diese Beziehung noch in mehreren anderen Stücken nach. Zusammenfassend sagt Kernan: «Was König Jakob als junger Mann in seiner kurzen Abhandlung (*Short Treatise*) über die Notwendigkeit, dass Dichter Staatsangelegenheiten meiden sollten, auch immer geschrieben haben mag – Jahr für Jahr bot sein offizieller Hofpoet dem König und seinem Gefolge nicht bloße Unterhaltung, sondern Dramen, die versteckt und taktvoll, aber nichtsdestoweniger sehr wohl merklich die Probleme zur Sprache brachten, die den Hof am intensivsten beschäftigten: das Gesetz (*Maß für Maß*), Erstgeburt und Zauberei (*Macbeth*), Königtum (*König Lear*), Korruption am Hof (*Antonius und Kleopatra*), uneingeschränkte Großzügigkeit (*Timon von Athen*), die Krise einer kriegerischen Aristokratie, die umgewandelt wird in höfische Eleganz (*Coreolan*), das Reich und die Verwendung der Kunst (*Der Sturm*).»

Außer den Dramen *Cymbeline* und *Heinrich VIII.*, auf die wir schon hingewiesen haben, sind nur drei von zwölf Dramen nicht während Jakobs I. Herrschaft geschrieben worden – *Othello, Pericles* und *Ein Wintermärchen*. In seinem Werk *Shakespeare, the Jacobinian Plays* weist Philip McGuire darauf hin, dass *Ein Wintermärchen* und *Der Sturm* bei den Hochzeitsfeierlichkeiten 1613 anlässlich der Heirat von Jakobs I. Tochter Elisabeth mit dem künftigen König von Böhmen aufgeführt wurden: «Der Sohn des einen Herrschers und die Tochter des anderen werden miteinander verlobt und eröffnen damit die Aussicht, die Staaten, die ihre Väter getrennt regieren, durch ihre Nachkommenschaft zu vereinen.»[27]

Wir können auch feststellen, dass im *Wintermärchen* einer der Söhne, Florizel, der Erbe Böhmens ist. Acht Jahre nachdem das Drama verfasst worden war, sollte Friedrich im Jahre 1619 König von Böhmen werden. Im folgenden Abschnitt zieht McGuire eine Parallele zwischen *Perikles* und König Jakob: «Jakobs Leben weist auch Züge eines Musters von Ereignissen auf, wie sie in *Perikles* und dem *Wintermärchen* besonders hervortreten; den letztendlichen Sieg eines Herrschers über extreme und anhaltende Feindseligkeiten.»

Zu *Othello*, dem ersten der Shakespeareschen Dramen, das vor König Jakob am 1. November 1604 aufgeführt wurde, führt McGuire aus: «Die türkische Gefahr für Zypern ist eines der Hintergrundereignisse im *Othello*, sie führte zu einem Kampf, über den König Jakob das Gedicht *Lepanto* geschrieben hatte, das 1591 veröffentlicht worden war und anlässlich seiner Thronbesteigung in England im Jahre 1603 erneut herausgegeben wurde.»[28]

Kernan entdeckt eine wörtliche Parallele, sei sie bewusst oder nicht, zwischen König Jakobs Schilderung in *Lepanto* –

> A bloodie battel bolde ...
> Which fought was in Lepantoe's gulfe
> Betwixt the baptiz'd race
> And circumcised Turband Turkes –

und Shakespeares «beschnittenen Hunden» und «bösartigen und Turban tragenden Türken» (*Othello*)[29] An anderer Stelle beschreibt Kernan Othello in einer auf die Doppelnatur König Jakobs bemerkenswert passenden Weise – obwohl Kernan dies vermutlich nicht beabsichtigte. Kernan sagt, dass Othellos eigenartiges Schicksal ihn schließlich «als Türke und als Bezwinger der Türken, als Heide[n] und als Verteidiger des Glaubens», erscheinen lässt.[30]

Ich bin mir völlig im Klaren, dass die meisten dieser Hinweise nur auf eine *äußerliche* Verbindung zwischen König Jakob und dem Werk von Shakespeare deuten. Doch sollen sie auch gar nicht alles, was ich über Jakobs Einfluss auf Shakespeare gesagt habe, nachweisen. Und schon gar nicht beabsichtige ich damit, dass man die Dramen Shakespeares nur rein politisch erklären solle.[31] Was diese Hinweise jedoch zeigen, ist – wie wir das schon bei Bacon genau gesehen haben –, dass der Zusammenhang von Shakespeares Werk mit König Jakob keineswegs nur zufälliger oder willkürlicher Art ist und dass er in allem, was Shakespeare ab 1603 bis zu seinem Tode schrieb, fortwährend und in tiefer Weise wirksam ist.

Was im zweiten Kapitel über Shakespeares Inspiration beschrieben wurde, erfordert, dass wir an einen *inneren* und nicht nur äußerlichen Einfluss von König Jakob denken. Jane Jack trifft die Sache am besten, wenn sie in Bezug auf *Macbeth* vom Einfluss des starken theologischen Interesses von König Jakob spricht.[21] Setzen wir einen solchen inneren Einfluss voraus, so würde das bedeuten, dass die ungeheure Entwicklungsreise der Dramen Shakespeares, wie Ted Hughes sie beispielsweise darstellt, zugleich den inneren Entwicklungsgang Jakobs widerspiegelt. *Maß für Maß*, *Macbeth*, *König Lear*, *Der Sturm* – um nur die hervorstechendsten Beispiele zu nennen – könnten dann als große und tiefgründige Etappen von Jakobs I. innerem Wachstum angesehen werden. Dies etwa könnte meiner Ansicht nach versucht werden; es würde bedeuten, die äußerlich beobachtbaren Verbindungsglieder von König Jakob (zum Beispiel im *Macbeth*) mit dem inneren Drama der Stücke zusammenzubringen.

Kernans Buch – *Shakespeare, the King's Playwright* – versucht nichts dergleichen. Er liefert lediglich eine ungeheuer detaillierte Beschreibung aller äußeren Bezüge zwischen Shakespeare und König Jakob, während er die Möglichkeit eines inneren Einflusses völlig außer Acht lässt. Er kommt einem vor wie jemand, der sein Glück in Aladins Wunderlampe suchte, aus dem Gefühl, dass etwas ungeheuer Wichtiges damit verbunden ist, und der sie den Menschen deshalb in allen Einzelheiten genau beschreiben würde, Form, Größe und physikalische Eigenschaften, aber ohne dasjenige zu entdecken, was die Wunderlampe so wichtig macht – das Genie darin!

Wir werden im sechsten und siebten Kapitel auf diesen Punkt zurückkommen und auch auf die biographischen Bezüge eingehen, die zwischen Shakespeare und König Jakob gefunden werden können.

Viertes Kapitel

Wer schrieb Bacon?
Der geistige Hintergrund von Bacons Werken

Unsere Untersuchungen haben uns tief in die Autorschaftsdebatte um Shakespeare geführt. Wiederholen wir kurz die Ergebnisse. Das erste Kapitel versuchte nachzuweisen, dass Shakespeare, der Schauspieler, tatsächlich als der Autor seiner eigenen Dramen betrachtet werden muss, mit all ihrem überreichen Leben, das aus Shakespeares unvergleichlicher Meisterschaft in der Welt der Bühne und des dramatischen Mediums herrührt. Wir führten unter anderem Rudolf Steiners Beurteilung an: «In der ganzen Weltliteratur gibt es keine Dramen, die so vollkommen vom Standpunkt des Schauspielers her konzipiert sind.» Wenn wir uns aber Shakespeare im vollen Schwung seiner Schöpferkraft vorstellen, siebenunddreißig Dramen in achtzehn Jahren schreibend, inmitten eines hektischen Lebens als Schauspieler und Theaterdirektor, dann wird uns unschwer klar, dass Shakespeare *inspiriert* war und unter dem Einfluss einer ungeheuren Inspirationsquelle stand, die unsere Kultur während der letzten vierhundert Jahre so tief befruchtet hat. Heminges und Condell, Shakespeares Freunde und die Herausgeber des ersten Folio, bezeugen die scheinbar so mühelose Art, in der Shakespeare sich inspirieren ließ: «Sein Geist und seine Hand spannten zusammen, und was er dachte, äußerte er mit solcher Leichtigkeit, dass wir von ihm so gut wie keinen Klecks auf dem Papier haben.»[1]

Es ist zugegebenermaßen ein weiterer Schritt, diese Inspirationsquelle zu suchen, was wir bereits im zweiten Kapitel versuchten.

Nur Rudolf Steiner hat sich meines Wissens so geäußert, dass er auf Grund der Fähigkeiten eines ‹exakten Hellsehens› mit

Sicherheit darüber geisteswissenschaftliche Aussagen machen konnte. Geisteswissenschaft ist die legitime Erweiterung wissenschaftlicher Tätigkeit, die nicht nur auf die Welt der Sinne, auf die sie bis dahin ihre Aufmerksamkeit gerichtet hat, sondern auch auf sinnlich nicht wahrnehmbare, geistige Daseinsbereiche angewendet werden kann. Zu Steiners Lebzeiten (1861–1925) hatte die Erweiterung der Wissenschaft in dieser Richtung radikalsten Pioniercharakter, wohingegen heutzutage, fast genau hundert Jahre nach seinen ersten geisteswissenschaftlichen Ausführungen[2], das Klima sehr anders ist und wir Zeugen eines wachsenden Interesses an spirituellen Tatsachen sind. Der *Kontext*, in dem Steiner sprach, ist anders als der unsere, und das kann sein Werk als unzugänglich erscheinen lassen; doch wenn wir uns anstrengen zu begreifen, was er sagt, zeigen die Einzelheiten seiner geisteswissenschaftlichen Forschung neben ihrer Tiefe und außergewöhnlichen Tragweite, dass sie immer noch unvergleichliche Einsichten zu bieten hat.

Rudolf Steiner sagt von Shakespeare, dass er von einer Quelle in der geistigen Welt inspiriert worden sei, und von Francis Bacon, dass er genau dieselbe Inspirationsquelle hatte. Wir können allerdings bei dieser Quelle auch von einem «Wer» sprechen, denn diese Quelle wurde «im Irdischen repräsentiert» durch einen Eingeweihten, der «hinter» Shakespeare und auch Bacon stand. Dieser Eingeweihte «sprach durch» Shakespeare und auch Bacon, und auf ihn «gingen sowohl die Baconschen philosophischen Werke wie auch die Shakespearschen Dramen» zurück[3].

Nur diejenigen Menschen machten sich natürlich über die Identität dieses Eingeweihten Gedanken, die diese spezifische Äußerung Rudolf Steiners aus dem Jahre 1920 kannten. Sie kamen dabei mit einer bemerkenswerten Ausnahme zur Auffassung[4], dass Steiner sich auf Christian Rosenkreutz bezog. Nachdem wir den Wortlaut von Steiners Äußerung genau ins Auge gefasst und ihn mit zahlreichen anderen Aussagen über dasselbe Thema verglichen hatten, kamen wir zu einem anderen

Schluss: Wenn es uns gelingt, uns nicht durch den Blick auf seine Persönlichkeit beirren zu lassen und ihn stattdessen als Repräsentanten einer Quelle oder eines Stromes innerhalb der geistigen Welt zu betrachten, so werden wir sehen, dass es sich bei der angedeuteten Individualität tatsächlich um Jakob I. handelt.

Die Autorschaftsdebatte in neuem Licht

Das ist das Resultat von Steiners Forschung hinsichtlich der ganzen Frage «Wer schrieb Shakespeare?», die man deshalb mit gleicher Berechtigung so formulieren könnte: «Wer schrieb Bacon?» Diese Frage war bisher erst im deutschen[4], noch niemals aber im englischen Sprachgebiet behandelt worden. Da England aber das Ursprungsland der ganzen Shakespeare-Bacon-Debatte ist, müssen wir unsere Entdeckungen auch in den gegenwärtigen Kontext dieser Debatte in England stellen.

Meine erste bedeutendere Begegnung mit der Bacon-Shakespeare-Kontroverse fand bei einem Workshop über *Maß für Maß* im Jahr 1993 statt, der vom Francis-Bacon-Forschungstrust durch Peter Dawkins und Mark Rylance organisiert wurde. Ich bin noch heute dankbar für diese Begegnung, und auch das englische Kulturleben als Ganzes hat allen Grund, Mark Rylance als Veranstalter und künstlerischem Direktor des Shakespeareschen Globe Theatre dankbar zu sein. Während der letzten zehn Jahre bin ich jedoch zu einer anderen Auffassung als der von Peter Dawkins gelangt. Ich möchte diese Differenz im Zusammenhang mit meinen bisherigen Ausführungen beschreiben. Das ist keineswegs eine leichte Sache, da es sich, wie wir sehen werden, um mehr als eine bloß spitzfindige Diskussion über die Autorschaft einiger der größten Dramen der Weltliteratur handelt.

Peter Dawkins – und viele andere teilen seine Auffassung[5] – ist fest davon überzeugt, dass, einfach gesagt, *Bacon* Shakespeare schrieb. Dies ist aber wirklich *sehr* einfach gesagt, denn Dawkins sieht in Francis Bacon einen «Avatar»: «Es gibt viele Missverständnisse über Francis Bacon oder vieles, was man im Allgemeinen über Francis Bacon und das von ihm geschaffene, kolossale Werk nicht weiß, einschließlich der Tatsache, dass er einer der größten Mystiker der Welt sowie ein Kabalist und einer der subtilsten Dichter, den die Welt je gesehen hat, gewesen ist. Indem er mit den Mysterientraditionen arbeitete, ist das, was dieser große Meister in Gang gesetzt hat, sehr bemerkenswert und einzigartig. Seine Inkarnation und sein Werk waren seit vielen Jahrhunderten vorhergesehen und vorbereitet, und so ist sein Werk der Großartigkeit nach eines Avatars würdig.»[6]

Dies bestätigt zumindest einmal, was Steiner über Bacon sagte, nämlich, dass wir in ihm «auf philosophischem Gebiete den Anreger einer ungeheuren, breiten Zeitströmung» zu sehen haben.[7]

Im Kontext unserer eigenen Ausführungen ist das Bemerkenswerte an Dawkins Äußerung, dass er – und andere, die seiner Auffassung sind – die innere Verwandtschaft von Bacon und Shakespeare klar erkannte, die meistens übersehen wird. Rudolf Steiner sieht diese innere Verwandtschaft als das Ergebnis der Inspiration durch denselben Eingeweihten. Dawkins nennt keinen Namen, doch indem er das Gemeinsame hinter Bacon und Shakespeare sieht, hat er eine starke und deutliche Empfindung für die Präsenz dieses Eingeweihten, wie sie anderen abgeht.

Die echte Wahrnehmung, die Dawkins vom Wirken dieses Eingeweihten hat, ist vermutlich ein Grund für den zunehmenden Einfluss, den seine Gedanken und Schriften über Bacon und Shakespeare haben. Er empfindet das unbestreitbare Vorhandensein eines durch beide hindurchgehenden ungeheuer großen geistigen Stroms, für den die Menschen zunehmend offen sind und der einen echten geistigen Durst stillt.

In außergewöhnlichem Maß blickt Dawkins durch die Werke von Bacon und Shakespeare hindurch auf die Geistigkeit dieses Eingeweihten; doch sieht er diesen Eingeweihten, meiner Auffassung nach fälschlicherweise, in Francis Bacon selbst. Es ist bemerkenswert, wie viel von dem, was Dawkins und andere Baconanhänger über Bacon sagen, exakt mit dem übereinstimmt, was Steiner über den Eingeweihten im Hintergrund sagt, den wir als Jakob I. identifiziert haben. Dieser Eingeweihte ist es, auf den nach Steiner die Dramen Shakespeares und die Schriften Bacons «eigentlich zurückgingen»[2]. Dies behauptet Dawkins von Bacon. Und so ist Bacon für solche Baconanhänger auch für die König-Jakob-Bibel verantwortlich. So schrieb Edwin D. Lawrence, der Autor von *Bacon's Shakespeare:* «Die 1611-Bibel ist ohne irgendwelchen Zweifel eines von Bacons Büchern (...) Bei der Geburt Bacons existierte Englisch als literarische Sprache nicht, doch bis zur Zeit seines Todes war es ihm gelungen, die englische Sprache zum edelsten Gefäß für den Gedanken zu machen, welches die Menschheit jemals besessen hat. Dies bewirkte er allein durch seine Bibel und durch seinen Shakespeare.»[8]

Es erübrigt sich zu sagen, dass wenn wir den Eingeweihten hinter Bacon und Shakespeare in König Jakob sehen, wir ihm auch die eigene Bibel zuschreiben können!

Erinnern wir uns ferner daran, dass Rudolf Steiner von Jakob I. auch sagte, er stehe «am Ausgangspunkt der Erneuerung der Bruderschaften», und dass auf Jakob das gegenwärtige kulturelle Leben Englands zurückgeführt werden könne, sowohl in seiner äußeren als auch seiner okkulten Form, wobei Steiner unter letzterer sicher auch die freimaurerischen Bruderschaften mit einbezog. Dieser kolossale Begründungsimpuls in der Freimaurersphäre ist etwas, das Dawkins und viele andere nun ebenfalls Francis Bacon zuschreiben, weshalb sie ihn «den Begründer und ersten Großmeister der modernen Freimaurerei nennen»[9].

Wir haben in diesem Zusammenhang schon darauf hingewiesen, dass Historiker erst vor kurzem – eigentlich erst seit Beginn des 21. Jahrhunderts – damit begonnen haben, sich die vorrangige Rolle *Jakobs I.* bei der Begründung der modernen Freimaurerei zu vergegenwärtigen. So schreibt Adrian Gilbert: «Es möchte scheinen, dass Jakob I. (...) derjenige war, der für das

Entstehen der Freimaurerei in England verantwortlich war.»[10] Robert Lomas bemerkte auch, dass Bacons Freimaurerei erst mit der Ankunft König Jakobs I. in London im Jahre 1603 begann und durch die Anwesenheit von Jakob stark beeinflusst wurde. Wenn wir jedoch bereit sind, Dawkins' Bild von Francis Bacon durch Steiners Bild von dem Eingeweihten hinter Bacon und auch Shakespeare zu ersetzen, dann stimmen wir in allen diesen drei Punkten – Shakespeares' Werk, König-Jakob-Bibel und die Begründung der Freimaurerei – im Wesentlichen mit den vorgebrachten Behauptungen sogar überein.

Anders wird die Sache allerdings bei einigen von Dawkins sonstigen Behauptungen über Francis Bacon. Wir hatten gute Gründe, auf die Rosenkreuzerbewegung und auf ihren Begründer Christian Rosenkreutz hinzuweisen. Im Jahre 1604, also zur Zeit von Shakespeare, Bacon und Jakob I., wurde die *Chymische Hochzeit des Christian Rosenkreutz* geschrieben, die in geheimnisvoller Art die Einweihung dieser Individualität im Jahre 1459 beschreibt, als das zentralste Ereignis seines Lebens, das im Jahre 1484 endete. Wir kennen dieses Datum aus der *Confessio Fraternitatis* (1615), einem der beiden Rosenkreuzermanifeste, die auch andere Ereignisse aus dem Leben von Christian Rosenkreutz beschreiben. Rudolf Steiner sprach von verschiedenen Gesichtspunkten aus auch über das Leben, die Einweihung und den fortwährenden Einfluss von Christian Rosenkreutz. Wir können die entsprechenden Ausführungen Steiners hier weder referieren noch untersuchen, sondern wollen nur auf deren ausführlichen und bis in Einzelheiten gehenden Charakter hinweisen.[11]

Rudolf Steiner macht unter anderem deutlich, wie Christian Rosenkreutz *hinter den Kulissen* der menschlichen Geschichte arbeitet und nur in den seltensten Momenten auf der Bühne der äußeren Geschehnisse erscheint.[12] Steiner gibt uns aus seiner geisteswissenschaftlichen Forschung heraus sorgfältige und intime Darstellungen des Wirkens dieser Individualität, sowohl hinsichtlich des Geschehens im 15. Jahrhundert, das in den Rosenkreuzerdokumenten des 17. Jahrhunderts beschrieben wird, als auch hinsichtlich seiner Tätigkeit im 17. Jahrhundert selbst. Frances Yates findet keinen äußeren Beleg für die Existenz von Christian Rosenkreutz, was angesichts der Äußerungen Rudolf Steines nicht überraschend ist. Wegen dieser mangelnden Belege zweifelt Frances Yates daran, dass es überhaupt je einen *wirklichen* Christian Rosenkreutz gegeben hat. Dies macht die Begrenztheit einer Geschichtsforschung deutlich, der es fast ausschließlich *erlaubt* ist, das, was sich durch äußere Dokumente belegen lässt, zu behandeln. Peter Dawkins dagegen erklärt als unumstößliche Tatsache, dass Christian Rosenkreutz Francis Bacon gewesen sei: «Francis Bacon (...) war der wahrhaftige Fra. Christian Rosenkreutz, der ‹Vater› der Rosenkreuzerbruderschaft, die ihre Begründung im frühen 17. Jahrhundert öffentlich ankündigte.»[13]

Diesen Gedanken griffen nun viele Menschen auf, zum Beispiel Adrian Gilbert in seinem Buch *Das Neue Jerusalem*: «Die Denkrichtung, die in England der Baconiansmus darstellte, sympathisierte nicht nur mit dem kontinentalen Rosenkreuzertum, sie war mit ihm in vielem identisch.»[14] Diese Feststellung von Gilbert[15] wird in noch viel gewagterer Weise von Peter Dawkins formuliert: «Die Ziele des C.R.C. und der Rosenkreuzerbruderschaft, wie sie in den Rosenkreuzermanifesten und den folgenden Publikationen dargelegt werden, sind mit den großen Ideen und Projekten von Francis Bacon identisch (...) Die Ziele sind aus dem einfachen Grund miteinander identisch, weil beide aus derselben Quelle stammen.»[16]

An dieser Stelle muss ich Peter Dawkins entschieden widersprechen. Wie wir angedeutet haben, können die Impulse von Francis Bacon als identisch mit denen von Jakob I. oder zumindest mit einer Seite der mehrschichtigen Gestalt von Jakob betrachtet werden, doch *nicht* mit denen von Christian Rosenkreutz. Dieser Irrtum wurde bisher auf zweierlei Weise verbreitet. Einmal durch jene, die fälschlicherweise meinten, Steiner habe gesagt, Christian Rosenkreutz habe Shakespeare und Bacon direkt inspiriert – was, wenn es wahr wäre, dazu berechtigte, die Impulse von Christian Rosenkreutz und Bacon für identisch zu erklären. Zum andern durch jene, die die Existenz des realen Christian Rosenkreutz[17] in Abrede stellen und die nicht nur behaupten, dass *die Impulse* von Bacon und Rosenkreutz, sondern dass *diese* selbst identisch seien, dass es sich bei ihnen um ein und dieselbe Person handle.

Jene Impulse von Jakob I., die mit denen von Fancis Bacon identisch sind, sind keineswegs identisch mit denen von Christian Rosenkreutz – sie sind zu Zeiten sogar geradezu entgegengesetzter Natur. Dies liegt in der paradoxen oder zwiespältigen Natur von Jakob, dass er als Eingeweihter zeitweilig dem größeren Wirken von Christian Rosenkreutz sehr nahe zu kommen scheint, wie die späteren Werke Shakespeares deutlich bezeugen[18], zu anderen Zeiten aber im krassen Gegensatz zu diesem Geist zu wirken scheint. Dies ist nur zu offensichtlich, wenn wir an die Freimaurerei denken, für die Jakob eine Schlüsselfigur ist; und Bacon durch Jakob. Die Freimaurerei ist in ihrem wahren Kern und ihrer ungetrübten, ursprünglichen Quelle zweifellos harmonisch mit dem Rosenkreuzertum verbunden. Doch in ihren dunklen, dekadenteren und politisch manipulierenden Seiten steht sie im schärfsten Gegensatz zum wahren Rosenkreuzertum.[19] Es ist bestenfalls naiv und schlimmstenfalls ein bewusster Täuschungsversuch, wenn man die Freimaurerei mit dem Rosenkreuzertum für identisch erklärt, ebenso wie es völlig unwahr ist, zu behaupten: Francis Bacon *ist* Christian Rosenkreutz.

Allmählich wird deutlich, welch außergewöhnliche Ansprüche Dawkins für Bacon erhebt. Wer ist in Dawkins Augen *nicht* Francis Bacon? Shakespeare, Jakob I. und nun Christian Rosenkreutz waren laut Dawkins *in Wirklichkeit* alle Francis Bacon. (Wenn man Dawkins folgt, hat Bacon durch Jakob I. die König-Jakob-Bibel inspiriert und ist auch der geheim gehaltene Sohn von Königin Elisabeth I. und somit der rechtmäßige Thronerbe Englands, während Jakob nur ein Usurpator dieses Thrones ist.[20]

Man fühlt sich unwillkürlich an die vier Zoas von Blake erinnert: Urizen, Tharmas, Los und Luvah. Urizen, der nach Blakes Auffassung in Bacons Werk nur zu gegenwärtig war, riss die Rolle der drei andern an sich. Urizen hat in einem ausgewogenen Gesamtbild sicherlich eine Rolle zu spielen, doch sein Anspruch, die einzige Gestalt zu sein, die für alles verantwortlich ist, ist nicht nur unwahr, sondern ein glatter Usurpationsversuch.

Es ist vielleicht nicht ohne Bedeutung, dass Peter Dawkins leugnet, dass Shakespeare – der Schauspieler und Theatermann – Shakespeares Dramen schrieb, indem er sie lieber als ein Erzeugnis von Bacons größerer aristokratischer Weisheit hinstellt. Was wir auch sonst zu Dawkins' Bild – in dem ein jeder Francis Bacon ist – sagen mögen, es liefert uns jedenfalls eine erschreckende Reihe erfundener Geschichten; wenn wir nicht einfach über das Lächerliche darin lachen wie über die Gestalt des Bottom im *Sommernachtstraum*, der *alle* Rollen spielen möchte.[21]

Bacon hat wie Urizen im Drama der Zeit eine größere Rolle zu spielen, doch wenn wir es recht besehen, ist das Drama und der zwischenmenschliche Zusammenhang unter den Darstellern bei weitem feiner und verwickelter als in Dawkins' monotheistischem – Bacon ist alle – Porträt.

Am Ende des 16. und Beginn des 17. Jahrhunderts gibt es also nicht eine, sondern drei Hauptfiguren in England – William Shakespeare, Francis Bacon und Jakob I. –, die jeweils im Bereich von Kunst, Wissenschaft und Religion tätig sind (siehe die drei Bilder auf dem Titelblatt: Tafel 13, 14, 15 und Abb. 16). Shakespeare und Bacon werden beide von Jakob I., ihrem «Patron» (RS), inspiriert, was das Verwandte zwischen ihnen bewirkt. König Jakob jedoch, der im Sternzeichen der Zwillinge geboren ist, hat eine Doppelnatur, die darin ihren Ausdruck findet, dass er Shakespeare *und* Bacon inspiriert, sodass diese beiden in einem gewissen Sinn wiederum Gegensätze sind. Der eindeutige Segen, der von Shakespeares Werk ausgeht, ist bei Bacons Werk, mit seinem unleugbaren Hang zum Materialismus, keineswegs festzustellen.

Zeitgleich mit diesen drei Persönlichkeiten wirkt unsichtbar vom Kontinent die Individualität des Christian Rosenkreutz herüber, mit der Jakob als inspirierende Persönlichkeit zweifellos auf irgendeine Weise verbunden ist, ohne jedoch mit ihr identisch zu sein. Ihr Einfluss erstreckt sich bis zu Bacon.[22] Doch Bacons Werk ist keineswegs mit Rosenkreuzertum gleichzusetzen, und vieles in diesem Werk stellt es geradezu in einen markanten Gegensatz zum ganzen spirituellen Strom aus Mitteleuropa. Shakespeares Werk dagegen spricht in hohem Maße auf diesen Einfluss an. Dieses Drama wird auf vielfältige Art bis heute noch gespielt, und sein Ausgang ist immer noch ungewiss.

Wie ich schon sagte, ist es eine ziemlich banale Geschichte, wenn alle Hauptpersonen nur Francis Bacon in Verkleidung sein sollen. Die einzig mögliche Auflösung des Knotens von Dawkins' Version wäre darum die, dass schließlich alle den Schleier fallen lassen und zu erkennen geben, dass sie keine eigene Identität besitzen und dass sie alle schlechterdings Marionetten in den Händen des großen Bauchredner-Meisters, Francis Bacon, sind. In Begriffen des Dramas ausgedrückt: kein sehr interessantes Skript. In spirituellen (und menschlichen) Begriffen könnte man sich aber fragen, welche Art von Bedeutung Dawkins Bacon beizulegen versucht, wenn er ihn nicht nur für Francis Bacon, sondern auch für William Shakespeare, Christian Rosenkreutz, Johann Valentin Andreae[23], Edmund Spenser, Christopher Marlowe und noch andere[24] hält; wenn er ihn für verantwortlich hält für die Leistungen von König Jakob wie die König-Jakob-Bibel und die Erneuerung der Freimaurerei und wenn er ihn für denjenigen betrachtet, der von Rechts wegen König von England hätte sein sollen. Wenn man die Grenzenlosigkeit dieser Ansprüche betrachtet, kann es einen nicht überraschen, dass sie schließlich noch eine Krönung erfahren, und dies ist dann doch eine Überraschung. «Die Meisterseele, die Francis Bacon war,» sagt Dawkins, «ist heute bekannt als der Herr der Zivilisation und Avatar des Wassermann-Zeitalters.»[25] Die genaue Natur dieses Anspruchs wird ein paar Zeilen später deutlich, wo

Dawkins vom «Meister Jesus, dem Avatar des Fische-Zeitalters», spricht. Mit anderen Worten, was Christus – in seinen Worten «der Meister Jesus» – bis jetzt für die Menschen war, soll Francis Bacon von jetzt an – oder von seiner Zeit an – in die Zukunft hinein sein. Dies erklärt, warum Dawkins in seinem Vorwort der Tatsache entgegentritt, dass man Bacon oft für viele Übel der modernen Wissenschaft und der modernen Gesellschaft verantwortlich machte, indem er sagt: «Wir könnten geradesogut Buddha oder den Christus oder Mohammed für die vielen Übel anklagen, die von den Menschen über die Welt verbreitet wurden und die dabei behaupteten, der Lehre jener großen Meister der Weisheit und des Mitleids zu folgen.»[26]

Ich möchte diese letzte Behauptung weder verurteilen noch näher kommentieren. Ich beschränke mich auf den Hinweis, dass sie die eigentliche Spitze eines Gebäudes darstellt, das auf einer ganzen Anzahl von früheren Behauptungen ruht, die ganz einfach nicht haltbar sind.

Wie Blakes Urizen muss Bacon auf die rechtmäßige Größe zurückgeführt, in die richtige Perspektive gestellt werden. Er ist nicht William Shakespeare, dessen Dramen bis auf jede Einzelheit aus einem Leben herauswuchsen, das ganz dem Theater gewidmet war – einem Leben, das sehr anders war als das höfische, politische, philosophische des Francis Bacon. Er ist nicht Jakob I., wie wir auseinandergesetzt haben. Francis Bacon, der Jakob verehrte, wäre über die moderne Herabsetzung von Jakob und die Annahme, dass er, Bacon, die Quelle und nicht das Gefäß für das gewesen sei, was geistig von König Jakob herrührte, vielleicht überraschter und schockierter gewesen als irgendein anderer Mensch.[27] Auch war Bacon keineswegs Christian Rosenkreutz. Er war Francis Bacon.

Durch das, was in den philosophischen Werken Bacons lebt, ist sein Einfluss auf das moderne Gedankengut, die moderne Wissenschaft, die moderne Freimaurerei und die moderne Gesellschaft ungeheuer groß gewesen und ist es immer noch. Wie Adrian Gilbert sagt, der bezweifelt, dass Bacon Shakespeare geschrieben hat, schon allein wegen des Umfangs seiner eigenen Werke: «Es erscheint kaum möglich, dass er die Zeit hätte finden können, die gesammelten Werke Shakespeares zu schreiben – seine bekannten Leistungen waren monumental.»[28] Dennoch sind sie höchst problematisch.

Der problematischen Natur von Bacons Werk kann man nicht einfach dadurch entgehen, dass man behauptet, er sei auch alle anderen genannten Personen gewesen. Bacon muss *eine* Rolle in einem größeren Drama spielen. Nur wenn wir die sehr *verschiedenen* Rollen erkennen, die Bacon, Shakespeare, Jakob I. und auch Christian Rosenkreutz spielten, fangen wir an, für die wahre Natur dieses Dramas der Moderne, in dem wir noch heute leben, aufzuwachen.

***

Das Bild, das entsteht, wenn Shakespeare und auch Bacon von König Jakob inspiriert wurden, ist ein deutlich anderes als jenes, das Bacon als den Hauptanreger hinter den beiden auffasst. Doch müssen wir noch einen Schritt weiter gehen. Rudolf Steiner gibt uns ein Bild von dem Eingeweihten in Jakob, der nicht nur Francis Bacon und William Shakespeare inspirierte, sondern auch Jakob Böhme in Mitteleuropa und ebenfalls den beinahe unbekannten Jesuiten Jakob Balde.[29] Kann dies unser Verständnis für das Rätsel, das Bacon und Shakespeare umgibt, bereichern? In welcher Hinsicht ergibt sich daraus ein anderes Bild als das auf Bacon zentrierte Bild unserer Zeit, das zunehmend mehr Anhänger findet?

Ein Gutteil der populären spirituellen Literatur, auf die wir hingewiesen haben, muss nicht nur als Bacon-zentriert, sondern als, auf recht unangenehme Weise, britisch zentriert bezeichnet werden. In Peter Dawkins' Augen war Francis Bacon der wahre Verfasser der rosenkreuzerischen Abhandlungen von Johann Valentin Andreae und der wahre Christian Rosenkreutz, der von Andreae als «ein Deutscher» beschrieben wurde, «das

Haupt und der *Ursprung* unserer Bruderschaft».[30] Dawkins steht nicht allein da, wenn er das mitteleuropäische Rosenkreuzertum in England entspringen lässt. Frances Yates drückt in ihrem enorm einflussreichen Buch *Die Rosenkreuzer-Aufklärung* neben sehr wertvoller historischer Forschungsarbeit ihre Überzeugung aus, dass das ganze mitteleuropäische Rosenkreuzertum letztendlich nicht auf Bacon, sondern auf ihren Landsmann John Dee zurückgeht: «Der Haupteinfluss hinter der deutschen Rosenkreuzerbewegung war unzweifelhaft John Dee.»(!)[31] Diese Bewegung ist deshalb «in gewissem Sinn ein Export der elisabethanischen Periode und deren dahinterliegenden Inspiration». Sie glaubt sogar, dass der *Name* Rosenkreuzertum entweder aus John Dees Werk *Monas Hieroglyphica* oder von dem roten Sankt-Georgs-Kreuz auf der englischen Flagge herstammt. «Auf jeden Fall», so kommentiert Yates, «rührt der Name der Bewegung meiner Meinung nach von der englischen Seite her.»[31] Diese Auffassung der Initiantenrolle englischer Persönlichkeiten wie Francis Bacon und John Dee für die Spiritualität auf dem Kontinent wird auch von anderen Verfassern wie Joy Hancox[32], Robert Lomas und Adrian Gilbert geteilt. Sie alle leugnen die Existenz eines ursprünglichen Christian Rosenkreutz, des Begründers der Rosenkreuzerströmung in Mitteleuropa, da sie glauben, dass alles, was diesem Strom zuzuschreiben ist, tatsächlich aus England stammte.

Nicht nur im Hinblick auf das Rosenkreuzertum sind Bücher wie die erwähnten, «britisch zentriert». Sie betonen auch auf vielerlei sonstige Weise wiederholt die vorherrschende Rolle Englands in der Kultur, der Spiritualität und in den politischen Angelegenheiten Europas und der Welt. Gilberts Buch *Das neue Jerusalem* will zum Beispiel nachweisen, dass England im 17. Jahrhundert als «Gottes erwähltes Land für das neue Zeitalter der Aufklärung, das damals heraufzog», betrachtet wurde, mit London als seinem «neuen Jerusalem», der St.-Pauls-Kathedrale als seinem salomonischen Tempel, dem Stein von Scone in der Westminster Abbey als dem Thron Salomos und mit Jakob I., wie in den Werken Bacons dargestellt, als auf jenem Thron sitzendem Salomo. Das von Rudolf Steiner gezeichnete Bild dieser Zeit macht deutlich, wie einseitig diese auf England zentrierte Auffassung ist, selbst in Bezug auf Jakob I.

Rudolf Steiner beschreibt im Zusammenhang mit Jakob I., wie bereit erwähnt, das außergewöhnliche Phänomen, dass Jakob, «einer der größten, der gigantischsten Geister des britischen Reiches», der Inspirator «des rein britischen Philosophen Baco von Verulam» *auch* der Inspirator Shakespeares, «der dann in einer so starken Weise nach Mitteleuropa herüberwirkt», wie auch der Inspirator Jakob Böhmes ist, «der die ganze Inspiration in die mitteleuropäische Seelensubstanz umsetzt»[33]. So wirkt die fast unglaubliche Doppelnatur von Jakob – dass er sowohl mit Bacon hinter der Entwicklung eines sehr englisch zentrierten kulturellen, politischen und wirtschaftlichen Lebens steht, sowohl in dessen okkulten (wie zum Beispiel freimaurerischen) wie auch in dessen öffentlichen Ausdrucksformen, aber zugleich auch «durch unterirdische Kanäle in Verbindung» steht «mit der ganzen übrigen europäischen Kultur».

Steiner legt überdies klar, dass, sich selbst überlassen, das rein englische oder heutzutage angloamerikanische Element eine stark überhand nehmende Tendenz zum Materialismus und Kommerzialismus in sich trägt. Jener Impuls in Jakob, durch den er sich mit der ganzen Spiritualität Mitteleuropas verbindet, stellt zu dieser Tendenz innerhalb des kulturellen Lebens Englands den äußerst notwendigen und heilbringenden Ausgleich dar.

Wir haben gesehen, wie sich innerhalb des englischen kulturellen Lebens ein weit reicheres Bild offenbart, wenn wir statt in Francis Bacon den Erzorchestrator zu sehen, die differenziertere Konstellation der drei so enorm bedeutsamen Individualitäten jener Zeit betrachten: William Shakespeare, Francis Bacon und Jakob I. Dasselbe gilt auch für das großartigere und viel differenziertere Bild, das entsteht, wenn wir die Verflechtung der britischen Kultur mit der Spiritualität Mitteleuropas betrachten, zum Beispiel mit dem Strom von Christian Rosenkreutz, statt die mitteleuropäische Spiritualität und das Rosenkreuzertum als bloße Nebenflüsse des britischen Stroms von Francis Bacon und John Dee anzusehen.

England und Mitteleuropa versöhnen

Das rein britische Element beruht in einem sehr großen Ausmaß auf Tradition. Freimaurerei stellt, wie von freimaurerischer Seite bereitwillig zugegeben wird, wieder her, was in alten okkulten Traditionen und altem Wissen gelebt hat. Es wird zum Beispiel oftmals erwähnt, dass «Roslin», das innerhalb der englischen Spiritualität von zentraler Bedeutung ist, «altes Wissen, das über Generationen weitergegeben wurde», bedeutet[34] Die Kabbala, die innerhalb der englischen Esoterik eine gewisse zentrale Rolle einnahm, bedeutet dem hebräischen Wort nach ebenfalls «überkommenes Weisheitsgut».[35]

In ihrer echten Form hat es die mitteleuropäische Spiritualität dagegen mehr mit einer unmittelbaren Erfahrung und Erkenntnis der geistigen Welten zu tun. Rudolf Steiner macht darauf öfter aufmerksam, zum Beispiel in seinem ersten Vortrag, in dem er von Jakob I. spricht: «In Mitteleuropa (...) strebt man mehr danach und musste man mehr danach streben, aus der eigenen Geistigkeit heraus aufzusteigen zu einem spirituellen Erkennen, zu einem Erkennen der spirituellen Welten. Da hat man sich weniger angelehnt an das von andern Seiten, namentlich von älteren okkulten Schulen Überkommene. Wir können die Jahrhunderte zurückgehen, namentlich bis zum Anfang des 17. Jahrhunderts, da finden wir namentlich über England, Schottland und Irland – über Irland weniger, aber über Schottland – ausgebreitet solche okkulten Gemeinschaften, die in sich fortgepflanzt hatten dasjenige, was okkultes Wissen in den ältesten Zeiten war, das sie aber in einer gewissen Weise umgestaltet haben.»[36]

Steiner gibt nicht einfach nur der letzten Form von Spiritualität den Vorzug vor der ersteren. Er entwickelt seine Geisteswissenschaft auf der Grundlage von Goethes naturwissenschaftlichen Beiträgen, die man als Entwicklung oder Metamorphose der Naturwissenschaft, wie sie von Bacon angeregt wurde, betrachten kann, sodass diese Wissenschaft in die Lage kommt, auch die lebendige, organische Welt kennenzulernen. Steiner verbrachte vierzehn Jahre mit der Herausgabe von Goethes naturwissenschaftlichem Werk und nannte diesen den «Kopernikus und Kepler der organischen Welt».[37] Und dennoch sagt Steiner über die Beziehung von Goethes Naturwissenschaft zu der in England entstandenen – in diesem Fall zu der Darwins –, die der Vergangenheit und der Geschichte größere Beachtung schenkt: «Wir haben auf dem Gebiete der Naturwissenschaft der neueren Zeit zwei Strömungen heraufkommen, von denen ich die eine bezeichnete als Goetheanismus, die andere als Darwinismus. Verfolgen Sie meine Schriften ganz von Anfang an: Sie werden sehen, dass ich niemals die ganze tiefgehende Bedeutung des Darwinismus verkannt habe (...) Will man Darwin verstehen, so muss man nur synthetisch zusammenfassen alle Gesetze, die früher aufgefunden worden sind. Will man Goethe verstehen, muss man sich aufschwingen zu neuen und immer neuen Gesetzmäßigkeiten im Dasein. Beides ist notwendig. Der Fehler besteht nicht darin, dass es einen Darwinismus gibt oder dass es einen Goetheanismus gibt, sondern darin, dass die Menschen dem einen *oder* dem andern und nicht dem einen *und* dem andern anhängen wollen.»[38]

Meiner Auffassung nach spricht Steiner von derselben Notwendigkeit, die geistigen Gaben Englands und Mitteleuropas zu harmonisieren, wenn er sagt: «Unsere Aufgabe ist es, die Kluft zwischen den Freimaurern und den Rosenkreuzern zu überbrücken. Diese Arbeit ist schwierig, muss aber getan werden.»[39]

Wie ich gezeigt habe, muss man den Ursprung des Rosenkreuzertums mehr in Mitteleuropa suchen, den der Freimaurerei in England. In der *Fama* wird Christian Rosenkreutz als «Deutscher» beschrieben, die Rosenkreuzermanifeste kamen in Deutschland auf, und der Wissenschaftsstrom, der durch Persönlichkeiten wie Joachim Jungius und Goethe ging, fand seinen Höhepunkt sozusagen in Rudolf Steiner, der im 20. Jahrhundert das Rosenkreuzertum weiterentwickelte. Ein anderer Strom von Naturwissenschaft entsteht in England, wie auch die Freimaurerei, in denen Jakob I. und auch Francis Bacon eine solch einflussreiche Rolle spielten.

Wenn Steiner von der Harmonisierung und Zusammenarbeit dieser beiden Ströme redet, so spricht er von nichts weniger als von der Umkehrung – oder Überwindung – der Ereignisse der ersten Hälfte des 20. Jahrhunderts, die in alptraumhafter Wirklichkeit zeigten, was geschehen kann, wenn England und Mitteleuropa *nicht* zusammenarbeiten.

In Jakob I. kann man eine Persönlichkeit sehen, der denselben Wunsch nach Zusammenarbeit und Versöhnung hat wie Rudolf Steiner, doch aus der Perspektive von der anderen Seite des Ärmelkanals. Jakob war auf die tiefstmögliche Art mit allen alten Traditionen der Spiritualität verbunden, die so wichtig in England waren, ja er war sogar die bedeutsamste Person hinter deren Wiederaufleben in seiner Zeit, und er verband sich zugleich mit der mehr auf die *Gegenwart* gerichteten Spiritualität Mitteleuropas. Er fügt ein *«neues* Element» hinzu, und zwar dadurch, dass er «der britischen Volkssubstanz dasjenige einimpft», was «durch unterirdische Kanäle *in Verbindung mit der ganzen übrigen europäischen Kultur*» steht. Und gerade dieses «neue Element» ist es, das der englischen Volkssubstanz etwas verleiht, «was sie nicht verlieren darf, wenn sie nicht vollständig im Materialismus aufgehen soll»[40].

Es ließe sich auf viele andere Beispiele für eine Verbindung von englischer und mitteleuropäischer Kultur hinweisen. Shakespeare, Blake und Coleridge kommen einem dabei sehr bald in den Sinn.[41] Ich selbst kenne in diesem Zusammenhang kein besseres zeitgenössisches Buch als das des Architekten

Christopher Day: *Consensus Design – Socially inclusive Process*.[42] Die Architektur war die besondere Kunst der Freimaurer, mit ihren heutzutage überholten Riten der Geheimhaltung. Der Titel von Days Buch zielt darauf ab, jedwede Tendenz in dieser Hinsicht innerhalb der Architektur zu überwinden. Die Art, wie er dies bewerkstelligt, ist überdies zutiefst der goetheanistischen Forschungsweise verpflichtet, wie sie im britischen Kulturbereich durch Margaret Colquhoun entwickelt wurde.[43] Und schließlich enthält das Buch ein Vorwort von Prinz Charles, der das Beste vom Geiste britischer Tradition vertritt. In diesem Vorwort, das im St. James's Palace geschrieben wurde, verbindet sich Prinz Charles mit dem «neuen Durchbruch im Bereich der Naturwissenschaft», der «diesem wunderbaren und einzigartigen Buch» zugrunde liegt.

So traurig es ist, so finden wir doch andererseits viele Beispiele von Impulsen in England, die sich nicht verbinden wollen mit geistigen Impulsen aus Mitteleuropa, bestenfalls, weil sie diese einfach nicht kennen, schlimmstenfalls aber, weil sie deren Vorhandensein absichtlich ignorieren und so tun, als wären die kulturellen und spirituellen Reichtümer Mitteleuropas ihre eigenen.

Wir verlieren in Bezug auf die angloamerikanischen Absichten, andere Kulturen in ihren eigenen Einflussbereich zu ziehen und alles sozusagen mit ihrem eigenen Einheitsanstrich zu versehen, immer mehr unsere Naivität. Rudolf Steiner stellt dar, dass es sich hierbei um eine entschiedene geistige Absicht gewisser Machtgruppierungen innerhalb der angloamerikanischen (angelsächsischen) Welt handelt. Er spricht insbesondere über die Absichten dieser angloamerikanischen Machtgruppierungen, die großen spirituellen Schätze Mitteleuropas als ihre eigenen auszugeben: «Denn darauf geht das Angelsachsentum aus, die Wahrheit der mitteleuropäischen Entwickelung in Bezug auf die Geisteswissenschaft überall auszulöschen und sich selbst an dessen Stelle setzen.»[44]

Ich glaube, dass diese Gesinnung auch dem Bestreben zugrunde liegt – das weit mehr als eine amüsante literarische

Kuriosität darstellt –, jedermann, und ganz besonders William Shakespeare und Christian Rosenkreutz, durch Francis Bacon zu ersetzen.[45]

Fünftes Kapitel

Großbritanniens Salomo

Die Geschichte hat uns, was das Rätsel um König Jakob betrifft, einen deutlichen Hinweis gegeben, der letztendlich zu einer neuen Perspektive für die Betrachtung vieler Fragen des letzten Kapitels führen kann.

In jedem Lebensabschnitt, von seiner Geburt bis zu seinem Tode, wurden Vergleiche zwischen König Jakob und König Salomo gezogen.

Von Jakobs Sterben gab Bischof Williams dem Volk die folgende Beschreibung: «Lords und Diener knieten auf der einen Seite, Erzbischöfe, Bischöfe und andere kirchliche Würdenträger auf der anderen Seite, als ‹Salomo› ohne Schmerzen und ohne Krämpfe entschlief.»[1]

Derselbe Bischof Williams hielt bei Jakobs Begräbnis die Predigt. Diese Predigt wurde später unter dem Titel *Großbritanniens Salomo* veröffentlicht. König Jakob wurde in dieser Predigt offen und in aller Ausführlichkeit mit Salomo verglichen. Sie beginnt folgendermaßen: «Ich wage zu behaupten, dass Sie noch nie in Ihrem Leben von zwei Königen gelesen haben, die einander so völlig glichen und die sich von allen anderen Königen, außer voneinander, mehr unterschieden.»[2]

Auf dem Deckblatt zu König Jakobs Werken, die 1616 herausgegeben wurden, steht ein einziges Bibelzitat, die Stelle, wo Gott zu Salomo sagt: «Ich habe dir ein weises und achtsames Herz gegeben.» (Siehe Tafel 16.)

Als Jakob im zarten Alter von dreizehn Jahren seinen offiziellen Einzug in Edinburgh hielt, wurde ein sehr bedeutsames Ereignis aus Salomos Leben vor ihm aufgeführt.[3] (Es war die Szene von Salomos Urteil in der Frage, welche von den beiden klagenden Frauen die wahre Mutter des Kindes sei.) Und wenn der Vergleich noch nicht bei Jakobs Geburt gezogen wurde, so wurde er jetzt ganz sicher *wegen* seiner Geburt, wenn auch im spöttischen Sinne, angestellt. Der König von Frankreich spöttelte in Anspielung auf die Affäre von Maria Stuart, der Königin von Schottland, mit David Rizzio, dass Jakob bestimmt «Salomo, der Sohn von David» sei.[4]

Selten, wenn überhaupt, wurde darauf verwiesen – zumindest in neuerer Zeit –, dass sowohl Bacon *als auch* Shakespeare diesen Vergleich zwischen Jakob und Salomo ausdrücklich ziehen. Fancis Bacon tut dies ständig, und zwar in seinen Widmungen und Briefen an Jakob wie auch in seinen Werken selbst. So widmete er Jakob, der Salomo in fast jeder Hinsicht gleiche, zum Beispiel sein *Novum Organon* und machte auch deutlich, dass der König Solamona in seiner *Nova Atlantis* König Jakob symbolisiere.[5] Shakespeare hinwiederum beschreibt Cymbeline und König Jakob mit derselben Metapher. Cymbeline ist «die edle Zeder», Jakob in *Heinrich VIII.* will «weit, wie Berges Zedern, seine Zweige auf Ebenen strecken». Wären wir bewanderter in der Bibel, würden wir die Beziehung dieser «Zedern» zu König Salomo sofort erkennen: «Wie der Libanon ist seine Gestalt, ohnegleichen wie Zedern» (*Lied der Lieder, 5, 15*). Auch für Salomos Tempel gab es kein bedeutenderes Baumaterial. In dem Allerheiligsten «war alles aus Zedernholz; kein Stein war zu sehen».[6] (1 Könige, 6, 18.) Auch richtete er im Innern des Tempels den Hinterraum so ein, dass er dort «die Bundeslade Jahwes unterbringen konnte [auf] einem Altar aus Zedernholz»[7]. (1 Könige 6, 19f.)

Shakespeare zog diesen Vergleich mit großer Wahrscheinlichkeit auch bei einer anderen Gelegenheit: Die Zeilen unter König Jakobs Bildnis, auf der linken Seite des Deckblattes von Jakobs Werken (1616), werden Shakespeare zugeschrieben.[8] Die Zeile «But knowledge makes the king most like his maker» (‹Doch Wissen macht den König seinem Schöpfer gleich›) fordert geradezu eine Verbindung mit dem Zitat über König Salomo auf der gegenüberliegenden Seite heraus (siehe Tafeln 15 und 16).

Dass Bacon und Shakespeare diesen Vergleich anstellen, sollte uns gewiss zur Frage anregen, ob dies alles bloße Schmeichelei dem König gegenüber war. Wir können sehen, dass die Parallelen tatsächlich bemerkenswert sind, wenn wir einmal, grob gesprochen, *drei* davon, am Anfang, in der Mitte und am Ende von Salomos Regierungszeit näher betrachten. Wir fassen bei jeder Parallele erst den äußeren Sachverhalt ins Auge und schauen dann, was er unseren Untersuchungen aus den vorangehenden Kapiteln hinzuzufügen hat. Die erste und hervorstechendste Parallele zwischen beiden Herrschern war die des Wissens und der Weisheit. Bald nachdem der junge Salomo König geworden war, erschien ihm Gott des Nachts im Traum und sagte: «Erbitte, was ich dir geben soll!» (1. Buch Könige 3, 5.) Salomo bat: «So gib denn deinem Knecht ein achtsames Herz, damit er zu unterscheiden weiß zwischen Gut und Bös; denn wer wäre sonst imstande, dieses dein zahlreiches Volk zu regieren?» (1. Buch Könige 3, 9.) Und Gott sprach zu ihm: «Wohlan, ich will dir ein weises und verständiges Herz geben, sodass deinesgleichen nicht vor dir gewesen ist noch deinesgleichen nach dir erstehen wird.» (1. Buch Könige 3, 12.) Von diesem Augenblick an wurde Salomos Weisheit sprichwörtlich. In den Worten der Bibel:

«Und Jahwe verlieh dem Salomo sehr hohe Weisheit und Einsicht und eine Weite des Herzens gleich dem Sand am Ufer des Meeres.» (1. Buch Könige 5, 9.)
«Er redete dreitausend Sprüche und die Zahl seiner Lieder betrug tausendundfünf.»
«Von allen Völkern her kam man herbei, um die Weisheit Salomos zu hören.» (1. Buch Könige 5, 12 und 14.)

Auch König Jakob zeigte von sehr früher Jugend an bemerkenswerte Fähigkeiten, was Bildung und Erkenntnis anbetrifft. Abgesehen von Literatur, Theologie und Geschichte studierte er mit seinen Lehrern Geometrie und Physik, Logik und Rhetorik, Dialektik und Astronomie. So beschrieben ihn Besucher, denen die Fähigkeiten des *achtjährigen* Jakob vorgeführt wurden, «wegen seiner eigenartigen und besonderen Gaben an Klugheit, Urteil, Gedächtnis und Sprache als den reizendsten Anblick in Europa»[9]. Sie wurden Zeuge, wie Jakob aus dem Stegreif ein Kapitel aus der Bibel vom Lateinischen ins Französische und dann vom Französischen ins Englische übertrug, und zwar «so gut, dass es nur wenige Menschen gab, die etwas an seiner Übersetzung hätten verbessern können»[10].

Shakespeare äußerte sich zu Jakobs Bildung in seinem Eingangsgedicht auf dem Deckblatt, und Robert Fludd sprach von «seiner hervorragenden und gelehrten Majestät»[11]. Isaac Casaubon, einer der brillantesten Gelehrten seiner Zeit, dessen Freund Joseph Scaliger behauptete, der gelehrteste Mensch in Europa zu sein[12], sagte über Jakob: «*Er ist in einem unglaublichen Maße ein Freund von Bildung*; sein Urteil über Bücher, alte und neue, ist so umfassend, dass es eher von einem ausgesprochenen Gelehrten als von einem mächtigen Fürsten erwartet würde.»[13]

Über alle diese Urteile ging Francis Bacon mit dem seinen weit hinaus; er sagte: «Seit Christi Erdenzeit gab es keinen König noch irdischen Monarchen, der in jeglicher Literatur und Gelehrsamkeit göttlicher und menschlicher Art so bewandert gewesen ist.»[14]

Wie Salomo schrieb Jakob Gedichte, verfasste viele Bücher[15] und war im Übrigen «der Initiator und Autor» der so genannten «König-Jakob-Bibel».

Jakobs Weisheit ist in *qualitativer* Hinsicht durchaus mit der von Salomo vergleichbar. Salomos Weisheit wurde nicht durch Jahre schwerer Prüfungen und Erfahrungen errungen, sondern war angeboren, ein gottgegebenes Geschenk. Auch König Jakob besaß eine ähnliche Art von «naiver Weisheit» – worauf der berühmte Ausspruch des französischen Königs deutet: «Der weiseste Naivling [Narr] der ganzen Christenheit.»

Dieser erste Vergleich wird *in höchstem Maß* bestätigt, wenn wir ihn auf dem Hintergrund der Entdeckungen im letzten Kapitel betrachten. Salomos hauptsächliche Charakteristik besteht, von einem esoterischen Gesichtspunkt aus gesehen, darin, dass er *trotz* seiner unermesslichen Weisheit, obwohl er zum Bau des Tempels prädestiniert ist, und trotz seiner Fähigkeit, die genaue Form und die notwendigen Maßverhältnisse zu erfassen, nicht selbst in der Lage war, den Tempel zu erbauen. Der Mensch, der dazu befähigt *war*, war der «Baumeister» aus Tyrus, Hiram Abiff. Salomos Weisheit befähigte ihn dazu, in der göttlichen Welt zu erschauen, was realisiert werden musste, doch ging ihm die Fähigkeit völlig ab, dies in der irdischen Welt zu verkörpern.

Rudolf Steiner führt diesen Unterschied zwischen Hiram und Salomo auf die noch ältere Polarität zwischen Kain und Abel zurück und sagt darüber Folgendes:

«Aus der Linie Abels stammte Salomo (...) Er war ausgestattet mit der Weisheit der Welt, mit alledem, was die ruhige, klare, abgeklärte Weisheit (...) liefern kann. Dies war eine Weisheit, die man wohl mit Worten aussprechen kann, die dem Menschen tief ins Herz gehen, ihn erheben kann, aber nicht eine solche, welche das unmittelbare Objekt angreifen und etwas Wirkliches an Technik, Kunst und Wissenschaft hervorbringen kann.»[16]

Wenden wir uns wieder Jakob I. zu und erinnern wir uns, dass Rudolf Steiner sagte, dass dessen Bedeutung nicht in dem, was er selbst geleistet habe, gefunden werden könne: «... auch was er selbst schrieb, führt uns durchaus nicht in irgendeiner direkten Weise in seine Seele hinein.» Um die wahre Geschichte seiner Leistungen zu betrachten, müssen wir in der Tat unseren Blick auf die Werke anderer lenken – auf die von Francis Bacon, William Shakespeare, Jakob Böhme und Jakob Balde –, die aus seiner Inspiration heraus arbeiteten; seine Inspiration irdisch zur Erscheinung brachten.

Wie wir beschrieben haben, erscheint alles an Jakobs Leben im weitesten Sinne «salomonisch». Seine ganze Art, wie er sich als Förderer verhielt, zeugt davon. Nicht nur gegenüber den oben genannten vier Persönlichkeiten, sondern auch in Bezug auf Inigo Jones, John Donne und andere (siehe das sechste Kapitel), kann man sehen, wie Jakob Dinge in Bewegung brachte, sie anstieß, aber nicht selbst ausführte.

Ein zweiter Aspekt bezieht sich auf das, was man als die *zentrale* Errungenschaft im Leben und unter der Regierung Salomos ansehen muss, den Bau des salomonischen Tempels.

So viel ist klar, dass kein Vergleich zwischen König Salomo und König Jakob von wirklich erheblichem Wert ist, wenn er nicht die Frage beantworten kann, ob es im Leben und Wirken König Jakobs irgendetwas dem Bau des salomonischen Tempels Vergleichbares gibt.

Die äußere Forschung hat darauf zwei eindrückliche Antworten. Im Bankettgebäude in Whitehall, das unter Jakobs Sohn, Karl I., vollendet wurde, stellen mehrere riesige und grandiose Gemälde von Rubens, für unsere Augen etwas absurd erscheinend, «die Apotheose König Jakobs» dar, und zwar mit Titeln wie *Das Urteil Salomos: Jakob I. begründet das englische Empire* und *Die Regierung Salomos: das Goldene Zeitalter Jakobs I.*

Sir Roy Strong liefert in dem letzten Teil seines Buches *Britannia Triumphans – Whitehall und der salomonische Tempel*[17] überzeugende Argumente, dass das Whitehall-Bankettgebäude ursprünglich als Teil eines weit größeren Plans gedacht war, nämlich eines neuen Whitehall-Palastes. Strong stellt fest: «Der Plan des Whitehall-Palastes war gemäß mystischer Geometrie gestaltet, damit die Nachwelt wissen möge, dass hier die salomonischen Könige Großbritanniens lebten» und dass, obwohl der Plan erst nach dem Tode König Jakobs (1625) voll ausgestaltet wurde, «die Hauptidee des neuen Palastes Inigo Jones schon um 1619 vorgeschwebt haben muss».

Strong gibt zwar zu, dass er keinen schriftlichen Nachweis oder Zeichnungen habe, die seine These untermauern, doch sagt er: «Was ich aufstellen möchte, ist die Hypothese, dass das Gebäude und die Decke nur Teile eines umfangreichen Planes für einen neuen Palast waren, der auf dem salomonischen Gedanken basierte, und dass dies schon während Jakobs I. Regierungszeit seit den ersten Gesprächen darüber in den Köpfen aller war. Was auch immer 1629 zwischen Rubens und Karl I. und Inigo Jones ausgemacht wurde, fand in diesem umfassenden Kontext statt, nämlich dem von Salomo und seinem Tempel. Die Ikonographie der Decke ist deshalb viel mehr als nur die auf einen Raum beschränkte Ausschmückung eines einzigen Saales.»

Was Strong vermutet, und dies untermauert er mit einschlägigen geometrischen und architektonischen Parallelen, ist, dass es unter Jakob die Intention gab, einen neuen Palast zu errichten, der ein *physisches* Äquivalent zum Tempel Salomos[18] darstellen sollte.

Jakobs zweite Errungenschaft, die wir dem salomonischen Tempel gleichstellen können, steht auf einer höheren Ebene als jeder aus Stein errichtete Bau, wie großartig auch immer sein Bauplan wäre.

Wie wir im letzten Kapitel sahen, tauchten allmähliche Beweise dafür auf – wie zu sehen in Robert Lomas' Buch *The invisible College* (Das unsichtbare College) –, dass Jakob I. weitgehend für die Errichtung und Neukonstituierung der modernen Freimaurerei verantwortlich ist.[19] Dies bestätigt klar, was Rudolf Steiner schon 1916 über Jakob I. sagte, dass dieser «am Ausgangspunkt der Erneuerung der Bruderschaften» stehe.

Die Freimaurerei ist nach deren eigener Auffassung nichts anderes als der Versuch, «*den Tempel Salomos wieder zu errichten*». Peter Dawkins schreibt: «Nach freimaurerischer Tradition ist es die Wiedererrichtung des Tempels Salomos durch eine Bruderschaft in der Erkenntnis, die der Nächstenliebe geweiht ist und von einem ‹zweiten Salomo› geleitet wird (...) was im Zentrum ihrer Mysterien steht.»[20] Oder in den Worten von Emil Bock: «Die Freimaurer führen ihre Symbolik zurück auf Salomo und sprechen von ihren kultischen Gebäuden als den Tempeln Salomos.»[21]

Somit unternimmt König Jakob durch die Errichtung der modernen Freimaurerei nicht nur etwas Analoges zum Wiederaufbau des salomonischen Tempels, sondern etwas, was alle Freimaurer mit dem Namen Salomos verbinden.

Wir können diese Parallele auf Grund unserer vorherigen Entdeckungen sogar noch weiter treiben. Der ungeheuer großen geistigen Inspiration, die an der Wende vom 16. zum 17. Jahrhundert in Jakob I. ihren Brennpunkt fand, wird in *Großbritannien* durch das künstlerische Werk Shakespeares und das naturwissenschaftliche Werk Bacons Form und Ausdruck verliehen. Salomos Weisheit, wir erinnern uns, war nicht dazu geeignet, «etwas Wirkliches an Technik, Kunst und Wissenschaft hervorzubringen» (Rudolf Steiner).

Wenn der Impuls, den Jakob der Freimaurerei gab, zum größten Teil unseren äußeren Blicken verborgen bleibt, so zeigt sich die von Jakob ausgehende Inspiration unmittelbar und öffentlich in den Werken Bacons und Shakespeares, gewissermaßen einem irdischen Kulturgebäude, dessen Wucht und Einfluss wohl kaum größer sein könnte. Ich glaube, dass es nicht zu weit hergeholt ist, wenn man sagt, dass dieses Gebäude wie der Tempel Salomos ebenfalls zwei Säulen hat, die in polarem Gegensatz zueinander stehen. In Salomos Tempel nannte man diese Säulen Jachim und Boas.[22] Peter Dawkins, der einen sicheren Sinn hat für die allgemeine Inspiration hinter Bacon und Shakespeare (obwohl wir uns, wenn es darum geht, über die Quelle dieser Inspiration zu reden, radikal unterscheiden), macht auf diesen Zusammenhang ebenfalls deutlich aufmerksam. Von den vier kurzen Stichworten für die Ziele des «Francis Bacon Research Trust» gibt Dawkins als letztes das folgende an: «Bacon und Shakespeare – Zwillingsleuchttürme – Säulen des salomonischen Tempels».[23] Wenn wir diese beiden Säulen zurückverfolgen bis zu ihrem Ursprung im Garten Eden, werden sie zum Baum des Lebens und zum Baum der Erkenntnis. Es ist nicht schwer, den Zusammenhang dieser beiden Bäume und ihrer Polarität mit den Werken von Shakespeare und Bacon zu bemerken.

Die letzte Parallele jedoch zwischen Salomo und Jakob stellt in Bezug auf diese Polarität vielleicht die größten Anforderungen an uns. Wenn wir nämlich auf das Ende von Salomos Leben schauen, entdecken wir eine «salomonische» Eigenschaft, die zu ignorieren wir uns nicht leisten können, besonders da sie bis zu einem erschütternden Grade *zweischneidig* ist.

Der frühere Teil von Salomos Leben steht ganz im Zeichen eines von Gott Erwählten. Gott spricht zu ihm im Schlaf und verleiht ihm die Gabe der Weisheit. In der Mitte seines Lebens vollbringt dann Salomo seine welthistorische Aufgabe, den Bau des Tempels, und dieser erhält Gottes Segen. Salomo ist dazu imstande, weil er mit Hiram, dem Vertreter der seiner eigenen entgegengesetzten und doch zu ihr komplementären Strömung, *zusammenarbeitet.*

Von diesem Punkt an verläuft Salomos Leben, wie die Bibel beschreibt, in direktem Gegensatz zu Gottes Willen.

In der Tempellegende, die den realen Bau des Tempels beschreibt, tritt dieser drastische Wandel in Salomos Innerem *unmittelbar vor* Abschluss des Baues ein. Die Legende erzählt, wie Balkis, die Königin von Saba, die mit Salomo verlobt ist, sich durch einen einzigen Blick in den Baumeister Hiram verliebt. Salomos Eifersucht ist so groß, dass er nicht eingreift, als er von einem Mordplan gegen Hiram erfährt, und so auch zu der Tat beiträgt. Die negativen Seiten Salomos und sein Abfall von der Gnade Gottes sind der Legende nach deshalb direkt mit seiner Feindschaft gegen Hiram verbunden.

Die Darstellung in der Bibel besagt, dass in dem Augenblick, als der Tempel vollendet war, Gott noch einmal Salomo erscheint und ihm eine zweifache Botschaft zukommen lässt. Zuerst teilt Gott ihm mit: «Ich habe diesen Tempel, den du erbaut hast, geweiht, indem ich meinen Namen für alle Zeiten dort belasse; auch meine Augen und mein Herz sollen immerdar dort weilen.»[24] (1. Buch Könige 9, 3.) Daraufhin warnt Gott Salomo: «Wenn ihr (...) aber hingeht und anderen Göttern dient und sie anbetet (...) werde ich den Tempel, den ich in meinem Namen geweiht habe, von meinem Angesicht wegschaffen, und Israel soll unter allen Völkern zum Sprichwort und Gespötte werden.

Und dieser erhabene Tempel – wer immer daran vorübergeht, soll sich entsetzen und zischen.»[25] (1. Buch Könige 9, 6–8.)

Gott muss gesehen haben, was kommen würde, denn Salomos weiteres Leben war die exakteste Erfüllung dessen, wovor er so dringend gewarnt worden war:
«König Salomo aber liebte zahlreiche ausländische Frauen, und zwar neben der Tochter des Pharao (...) also aus den Heidenvölkern, von denen Jahwe den Israeliten gesagt hatte: ‹Ihr sollt euch nicht mit ihnen einlassen› (...) Es geschah (...) dass seine Frauen sein Herz andern Göttern zuwandten, sodass sein Herz nicht mehr so ganz und gar Jahwe, seinem Gott, ergeben war.» (1 Könige 11, 1–4.)

Ergrimmt verwirft Gott Salomo: «Weil es so mit dir steht (...) so werde ich dir das Königtum ganz sicher entreißen.» (1 Könige 11, 11.)

Die außergewöhnlichen Parallelen zu König Jakob gehen weiter, denn Gott fügt hinzu: «Doch zu deinen Lebzeiten will ich es noch nicht tun um deines Vaters David willen, aber deinem Sohn werde ich es aus der Hand reißen.» (1 Könige 11, 12.)[26]

Auch bei Jakob trat diese Prophezeiung nicht während seiner Regierungszeit, sondern während der seines Sohnes, Karls I., ein, als sich die Zerstörung – oder Teilung – seines Königreiches durch den englischen Bürgerkrieg vollzieht, der zur Hinrichtung des Königs auf einem Balkon – wo sonst? – des Whitehall-Bankett-Gebäudes führte.

Doch auch hier gehen die Parallelen viel tiefer, als dass sie bloß äußerlich wären. Im zweiten Kapitel sahen wir, dass der geistige Einfluss Jakobs I. *zweifacher* Natur ist, verblüffend ähnlich wie bei Salomo. Bei Rudolf Steiner erscheint Jakob einerseits in positivstem Licht, als Träger eines Impulses, den England und die englischsprechende Welt nie «verlieren darf, wenn sie nicht vollständig im Materialismus aufgehen soll». Dieser Aspekt von Jakobs Tätigkeit – und hier muss man an Shakespeares Werk denken, vor allem an seine späten Dramen – offenbart sich als in stärkster Art auf wahres Rosenkreuzertum ausgerichtet. Die

Vermutung liegt nahe, dass Salomo/Jakob in dieser Hinsicht direkt in Zusammenarbeit mit Hiram/Christian Rosenkreutz steht. Andrerseits beschreibt Steiner Jakobs Einfluss als einen solchen, der oftmals als äußerst bedenklich angesehen werden muss. Dieser Aspekt von Jakob hängt mit dem Materialismus der Freimaurerei und mit der okkulten Manipulation der Weltpolitik, besonders durch die Kräfte hinter den angloamerikanischen Eliten, zusammen. (Obwohl dies früher von den Leuten als Fiktion abgetan wurde, haben die Ereignisse vom 11. September 2001 weltweit doch eine bisher noch nie dagewesene Anzahl von Menschen auf diese Art von Machenschaften aufmerksam gemacht.) Zumindest in den Begriffen des wissenschaftlichen Materialismus und der Freimaurerei müssen wir *diesen* Aspekt von Jakob mit der Arbeit von Francis Bacon[27] verbinden. Dieser Aspekt steht, ganz analog zum Salomo der Tempellegende, trotz allen äußeren Anscheins, Hiram oder der wahren Quelle des Rosenkreuzertums geradezu konträr gegenüber.[28]

Die Parallelen zwischen König Salomo und König Jakob sind also nicht einfach leere Schmeichelei. In ihrem weitreichenden und durchgängigen Charakter können sie in ihrer Art auch offenbaren, dass sie auf tiefer okkulter Tatsachengrundlage beruhen.

Zwischen den beiden Herrschern ist der Widerhall der Echos so mächtig, dass man versucht sein kann, anzunehmen, dass in König Jakob dieselbe Individualität lebte wie einst in König Salomo. Ich bin jedoch nicht dazu befähigt, dies zu bestätigen, und die Wahrheit mag sich als anders erweisen. Was wir aber sicherlich sagen können ist, dass – ohne einen Schatten von Zweifel – Jakob I. eine sehr tiefe Verbindung mit der salomonischen Geistesströmung hatte und zumindest als einer der hervorragendsten Repräsentanten dieser Strömung betrachtet werden muss.

Erinnern wir uns an Rudolf Steiners Darstellung, dass Christian Rosenkreutz eine Reinkarnation der Individualität war, die einst als Baumeister des Tempels, als Hiram Abiff lebte, dann ergibt sich ein überraschendes Bild.[29] Denn Christian Rosenkreutz war – laut Rudolf Steiner – in Europa um die Wende vom 16. auf das 17. Jahrhundert inkarniert. So ergibt sich das Bild nicht nur *eines*, sondern zweier immens bedeutsamer Einflüsse zu jener Zeit. In England inspiriert der «großbritannische Salomo», König Jakob, die Werke von Shakespeare, Bacon, Böhme und Balde, und in Mitteleuropa der wieder inkarnierte Hiram, Christian Rosenkreutz, die verborgenere Strömung der Rosenkreuzer.

Das Bild von Jakob als dieser Salomo-Gestalt wird von Rudolf Steiner in einer anderen Bemerkung bekräftigt, die ich bis jetzt noch nicht erwähnt habe. Die von Gott verliehene Weisheit Salomos, die unfähig ist, im Erdenbereich praktisch einzugreifen, wird von Steiner auch als die «alte Priesterweisheit» bezeichnet. Dieser Weisheit muss sich die Kreativität und Aktivität von Hiram gegenüberstellen, was aber nicht nur in einem wörtlichen Sinn verstanden werden darf: «Das, worum es sich hier handelt, hat nichts mit kleinlicher Opposition gegen Kirchen oder Glaubensbekenntnisse zu tun. Priesterart kann nämlich bei vollkommenstem Laientum auftreten. Aber auch dasjenige, was heute als Wissenschaft auftritt und in vielen geistigen Zünften herrscht, ist nichts anderes als das, was man, maurerisch ausgedrückt, das Priesterelement nennt.»[30]

In einem Vortrag von 1919 verbindet Steiner Jakob mit diesem priesterlichen salomonischen Strom: «Jakob I. war ja diejenige Persönlichkeit, die noch retten wollte die alte Priesterherrschaft, und man versteht Jakob I. am besten, wenn man ihn als den Konservator, als den, der die alte Priesterherrschaft retten wollte, auffasst. Aber diese Pläne wurden ja durchkreuzt von anderen.»[31]

Die Implikationen, die darin enthalten sind, sind tief und tiefgreifend, denn was dies alles über die gegenseitige geistige Verbundenheit von England (oder dem Westen) und Mitteleuropa besagt, ist noch heute uneingeschränkt gültig. Dies könnte im Einzelnen untersucht werden, doch würde es uns zu weit von unserer gegenwärtigen Aufgabe wegführen, die darin besteht, die großen Rätsel, die diese drei Individualitäten – Shakespeare, Bacon und Jakob – vor fast genau 400 Jahren stellten, auszuloten.

Sechstes Kapitel

Versuch einer Neubewertung von Jakob I.

Ein Freund bezeichnete die Kapitelüberschrift als, gelinde gesagt, lächerlich, da das ganze Buch ja schon einen Versuch darstelle, Jakob I. neu zu bewerten. Trotzdem habe ich den Titel beibehalten, da, anders als im zweiten Kapitel, nun gezeigt werden soll, wie sehr unser Bild von Jakob I. als einem Herrscher, bei dem untergründig sehr viel mehr vor sich ging, als vordergründig im äußeren Leben sichtbar wurde, durch schriftliche Dokumente ergänzt werden kann.

Bei meinen Recherchen für dieses Buch stieß ich auf verschiedene eigenartige, Jakob I. betreffende Informationen, größtenteils nicht in den vielen Biographien über König Jakob, sondern überall verstreut, oft in Werken über andere Autoren. Sie wurden hier ohne ein besonderes Ordnungsprinzip zusammengetragen, als weiterer kleiner Beitrag, Jakob I. neu bewerten zu können. Falls sich die Informationen als unvollständig erweisen und andere im Laufe der Zeit noch weitere finden, umso besser.

1. Bekanntenkreis und Widmungen in Büchern

Tycho Brahe
Als König von Schottland besuchte Jakob VI. am 20. März 1590 Tycho Brahe, den so bedeutenden Astronomen und Alchimisten, auf dessen Insel Hven. Jakob schrieb drei Sonette über Tycho, und eines davon schließt folgendermaßen, nachdem erst die Rolle der Planeten besungen wurde:

> Then great is Tycho who, by this his booke,
> Commandment doth over these commanders brooke.

(Denn groß ist Tycho, dessen Buch ganz sachte
Beherrschung über diese Herrscher brachte.)

Im Winter 1589/90, den Jakob am Hofe von Kopenhagen verbrachte, mag er Tycho wohl ebenfalls getroffen haben. Am 23. November 1589 hatte Jakob in Oslo Königin Anna von Dänemark geheiratet und anschließend mit ihr die Flitterwochen auf Hamlets Schloss Elsinore verbracht. Jakob könnte auf Tycho durch seinen Lehrer George Buchanan, der auch Montaigne unterrichtet hat, aufmerksam geworden sein. Buchanan war Tycho begegnet, stand in Briefwechsel mit ihm, und Jakob hatte Buchanans Porträtbild in Tychos Bibliothek gesehen.

Johannes Kepler
Nach dem, was Kepler möglicherweise von Tycho Brahe über König Jakob gehört hatte, widmete er sein Hauptwerk *Harmonice Mundi* («Weltharmonik») König Jakob mit den Worten, dass er keinen «geeigneteren Schutzpatron für (s)ein an Pythagoras und Plato anklingendes Werk über die himmlischen Harmonien finden könne als den großen König, der seine Vorliebe für die Philosophie Platos durch persönliche Leistungen bekundet hat»[1].

Unser Bild von Kepler, von Brahe und selbst von König Jakob verändert sich ständig. Frances Yates sagt, dass sich Kepler in «Andreaes Kreis bewegte», vielleicht wegen Keplers Freundschaft mit Christoph Besold, einem engen Freund und Kollegen von Johann Valentin Andreae. Yates schließt, indem sie sagt: «Keplers Verbindung mit der Welt der Rosenkreuzer ist so eng, dass man ihn beinahe einen abtrünnigen Rosenkreuzer nennen könnte.»[2]

Rudolf II. (und sein Hof in Prag)
Etwas von Jakobs Verbundenheit mit der Kultur Mitteleuropas oder jedenfalls mit der von Böhmen kann in seinen Beziehungen zum Hofe Rudolfs II. in Prag gesehen werden. Man hat dieser Tatsache verhältnismäßig wenig Beachtung geschenkt.

1. Kreuzkappelle, Schloss Karlstein bei Prag. Ein Löwe inspiriert den Evangelisten Markus.

2. (1595): «So steht er, wenn man ihn nicht esoterisch betrachtet, wie ein großes Rätsel am Beginne des 17. Jahrhunderts.» (R. Steiner, 19.10.1918, GA 185)

3. Jakob I. von England (1621): «Jakob war in seiner Stellung, auch in seiner Herrscherstellung drinnen wie ein Mensch, der in einem Gewande drinnensteckt, von dem ihm aber auch gar nichts passt.» (R. Steiner, 19.10.1918, GA 185)

4. Francis Bacon (1623)

5. Jakob VI. und I. (1615)

6. William Shakespeare

7. Jakob Böhme

«In Görlitz gibt es ein Standbild von Jakob Böhme, dessen Gestalt nicht im Geringsten dem Schuhmacher von Görlitz gehört haben kann, sondern das den Betrachter vielmehr an Shakespeare erinnert. Das haben viele Menschen so empfunden. Rudolf Steiner wurde einmal von Freunden an Ort und Stelle auf diese Ähnlichkeit mit Shakespeare hingewiesen.
Er sagte, dass darin eine Wahrheit liege; der Bildhauer sei bei seiner Arbeit unbewusst durch die Tatsache geleitet worden, dass hinter beiden Individualitäten dieselbe Inspirationsquelle stand.»
E. Lehrs, *Rosicrucian Foundations of the Age of Natural Science*, p. 3. (Deutsch THM)

8. Jakob Balde (1604–1668)   9. Jakob Böhme (1575–1624)

«Rudolf Steiner war in Görlitz zur Enthüllung des Jakob-Böhme-Denkmals eingeladen. Marie Steiner erzählte, es habe den Bürgermeister damals ziemlich gekränkt, als sie in ihrer impulsiven Art sagte, das sei kein Jakob Böhme, das sei ein Shakespeare. Sie habe aber insofern recht gehabt, als Böhme, Shakespeare, Bacon und Balde sich tatsächlich ähnlich sahen – sie hätten den gleichen Initiator gehabt.»
Aus: Adalbert Graf Keyserlingk (Hg.), *Koberwitz 1924 – Geburtsstunde einer neuen Landwirtschaft*, Stuttgart 1974, S. 55.

10. Jakob I. (1566–1625)   11. Francis Bacon (1561–1626)

12. William Shakespeare
    (1564–1616)

13. Shakespeare, Frontispitz der ersten Folio-Ausgabe, 1623.

14. Francis Bacon, Frontispiz von *Of the Advancement and Proficiencie of Learning*, 1640.

15. und 16. König Jakob / *The Workes*, Doppel-Frontispiz.

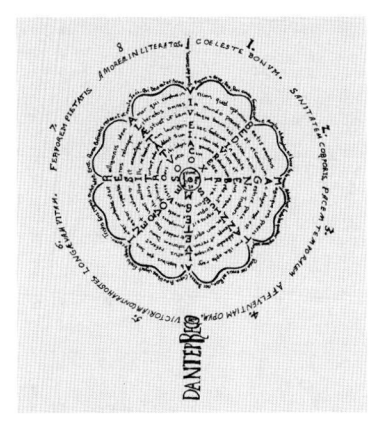

17. Weihnachtsgruß an Jakob I. von Michael Maier (1612) «Unverkennbar ein Rosenkreuzersymbol» (Joy Nancox)

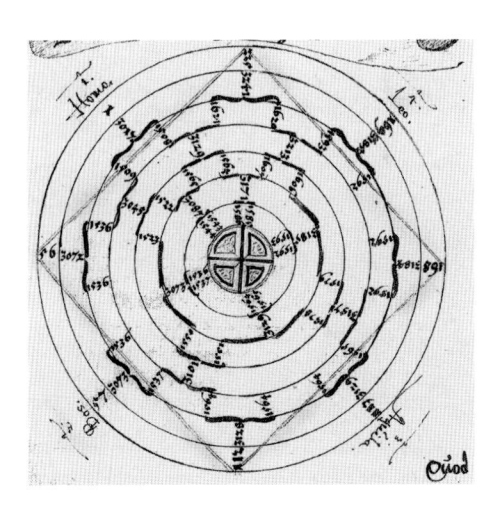

18. Ein grob geformter Rosenumriss aus *Naometria*, mit einem Kreuz in der Mitte. «Die ganze Komposition von Naometria scheint eine geheime Allianz von Heinrich, dem König von Frankreich, Jakob I. von Großbritannien und Friedrich, dem Herzog von Württemberg, widerzuspiegeln.» (Frances Yates)

19. Psalm 46, König-Jakob-Bibel (1611)

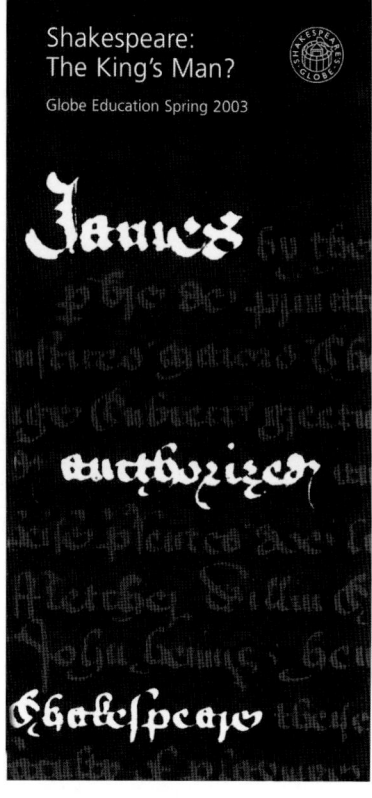

20. Shakespeares *Globe Education Brochure*, 2003

Im Jahre 1608 usurpierte Matthias, der Bruder Kaiser Rudolfs II., drei von dessen Königreichen, und zwar Österreich, Ungarn und Mähren.

Die Unterstützung von König Jakob für den mit ihm befreundeten Regenten kann man in seiner Buchwidmung für Rudolf von 1609 sehen. Das Buch – *Eine Mahnung an alle höchst mächtigen Monarchen, Könige, edle Prinzen, und Staaten der Christenheit* – ist in allererster Linie «dem heiligsten und unbesiegbarsten Prinzen Rudolf II.» gewidmet, «dem durch Gottes Gnade erwählten Kaiser der Römer, dem König Deutschlands, Ungarns, Böhmens, Dalmatiens, Kroatiens, Slawoniens etc.» Im Juni 1609 beauftragte Jakob John Barclay damit, ein Exemplar des Buches persönlich an Rudolf zu überbringen. Rudolf sandte im selben Jahr «zwei ganz bezeichnende Geschenke, nämlich einen Himmelsglobus und eine Uhr» an Jakob.[3]

Fast immer müssen wir bei Jakob darauf achten, wofür er seine Schutzherrschaft lieh, oder umgekehrt, was ihm gewidmet wurde. Wir erfahren zum Beispiel, dass «wenn in Prag im frühen 17. Jahrhundert eine protestantische Kirche gebaut wurde, der größte Sponsor König Jakob I. war» (p. 1).

Wir müssen ferner auch darauf sehen, welche *personellen* Verbindungen und Bewegungen es zwischen den beiden Höfen gab. Tycho Brahe war, wie auch Kepler, der seine *Weltharmonik* König Jakob widmete, Rudolfs Hofastronom. Nach Ansicht von L.J.W. Evans ist es «nicht überraschend, dass Kepler, der große Günstling des Kaisers, später auch eine Einladung an den Hof Jakobs erhielt» (p. 81).

Der «außergewöhnliche Holländer Cornelius Drebbel» (siehe Seite 127) wurde durch Rudolf II. von König Jakobs Hof abgeworben, damit er an seinen Hof in Prag komme. Ein anderes Bindeglied zwischen den beiden Höfen ist Michael Maier. Nachdem dieser Rudolfs Hofarzt gewesen war, ging er nach England, wo er sich mit Robert Fludd (der Beziehungen zu Jakob hatte) und mit Jakobs Leibarzt, Sir William Paddy, befreundete.

L. J. W. Evans zieht einen sachgemäßen, weitergehenden Vergleich zwischen König Jakob und Kaiser Rudolf, und zwar folgendermaßen: «Bemerkenswert ist, wie vieles von dem, was, isoliert betrachtet, abartig erschien, seinen richtigen Stellenwert bekommt, wenn man die beiden Herrscher zusammen betrachtet. Wenn Jakob der weiseste Narr der Christenheit war, dann war Rudolf wohl der gesündeste Irre» (p. 80).

Es folgen Vergleiche, wie die beiden Herrscher aufgewachsen und erzogen worden sind, was sie unter ihre Schirmherrschaft stellten und wie ihr privates Leben verlief: «Ihre Schirmherrschaft stand dem Okkultismus nahe. Ihr privates Leben war ungewöhnlich», so auch «ihre Vorlieben und Freizeitbeschäftigungen, besonders das Interesse am Studium von Okkultem, an der geistigen Welt und der Maschine»; ihr Glaube an das göttliche Recht (Gottesgnadentum) der Monarchie; ihre Frieden stiftenden Absichten und ihre politischen Aktivitäten. Da die letzteren so sehr für Jakobs Unbeliebtheit verantwortlich waren – was bei den Protestanten zum extremen Wunsch führte, zumindest seinen Ruf, bei den Katholiken seine *Person* in die Luft zu sprengen (anlässlich der Pulververschwörung im November 1605) –, sollte man sich zumindest Evans' Verteidigungsworte zu Gemüte führen: «Jakob und Rudolf strebten beide nach einem Gleichgewicht der Kräfte, indem sie rivalisierende Kräfte gegeneinander ausspielten und sich selbst zum internationalen Schiedsrichter aufwarfen. Diese Art von Politik ist ein Kennzeichen Jakobs und seiner auf Ausgleich zielenden Diplomatie während der Jahre 1618–20, was sich am deutlichsten in seiner Streitschrift von 1618 zeigt: *Der Friedensstifter oder Großbritanniens Wohl* und was in den Augen der Protestanten einem Verrat gleichkam. So gesehen stellt die beharrliche Weigerung des katholischen Rudolf gegen eine spanische Heirat eine starke Parallele dar zu dem Nachdruck, mit welcher der Protestant Jakob eine solche für seinen Sohn, den Prinzen von Wales, betrieb» (p. 82).

Drei der vier letzten Dramen Shakespeares deuten ebenfalls auf eine Verbindung mit Rudolf II. und/oder Böhmen hin. Im

Wintermärchen ist Leontes Schwiegersohn Florizel der Erbe Böhmens, wo ein Großteil des Dramas spielt. Im Zusammenhang mit dem *Sturm* wurde des öfteren auf die Gleichartigkeit zwischen Prospero, der von seinem Bruder vertrieben wurde, als er sich zu sehr in seine okkulten Studien vertiefte, mit Rudolf II. hingewiesen, dessen Bruder Matthias den Thron von Böhmen an sich riss, genau zu der Zeit, als *Der Sturm* (1610–11) geschrieben wurde. In einem Buch von 1609 (von Daniel Eremita) wurde dargestellt, wie Rudolf seine großen Gaben als Herrscher verdorben habe, «dadurch, dass er das Studium der Kunst und der Natur mit wachsendem Mangel an Mäßigung betrieben habe, sodass er die Staatsgeschäfte zugunsten von Alchimisten-Laboratorien, Druckereien und Werkstätten von Uhrmachern vernachlässigte» (Evans, p. 45). Diese Ansicht wurde von Jakobs persönlichem Abgesandten an Rudolf, John Barclay, geteilt, der laut Evans einen «frechen Schlüsselroman» über Rudolf schrieb. So kann man Prospero als eine faszinierende Mischung der Eigenheiten von Rudolf II. und Jakob I. ansehen.

Ich habe schon auf die Parallelen verwiesen, die in *Cymbeline* zwischen König Cymbeline und König Jakob und zwischen Posthumus, Cymbelines Schwiegersohn, und Friedrich (böhmischer Kurfürst), Jakobs Schwiegersohn, gefunden werden können. Ein bisher unberücksichtigter Zug des Dramas war der jedermann überraschende Entschluss Cymbelines, dem römischen Kaiser Tribut zu entrichten. Dies leitet den Beginn eines langen, frei gewählten Friedens zwischen England und Rom ein, mit dessen Verkündigung das Drama endet. (Das letzte Wort des Stücks ist «Frieden».) Selbstverständlich muss die Parallele der Shakespearezeit zu diesem Frieden im Drama zwischen König Cymbeline und Kaiser Augustus in dem zwischen König Jakob und Rudolf, dem Herrscher des Heiligen Römischen Reiches, geschlossenen Frieden gesehen werden.

Dass die Interessen Jakobs auch über Europa hinausreichten, kann in dem Briefwechsel mit dem japanischen Kaiser, seinen Gesandtschaften nach Russland und Indien und seinem Engagement in Amerika gesehen werden. Hier ist jedoch nicht der Ort, auf all dies genauer einzugehen.

Michael Maier
So viel ich weiß, widmete Michael Maier König Jakob kein Buch, obwohl er *Arcana Arcanissima* im Jahre 1614 Sir William Paddy, Jakobs Arzt, zueignete. Maier ist König Jakob sicherlich begegnet, auch wenn wir die genauen Umstände nicht kennen. Im Jahre 1612 war Maier als Teil des Hauswesens von Jakobs künftigem Schwiegersohn, Friedrich, beim Begräbnis von Jakobs Sohn, Prinz Heinrich, anwesend. Im selben Jahr sandte Maier eine handgezeichnete Weihnachtskarte auf Pergament an Jakob, drei mal zwei Fuß groß, die von manchen als Rosenkreuzersymbol betrachtet wird (siehe Abb. 17).

Robert Fludd
Robert Fludd widmete König Jakob drei Werke, *A Philosophicall Key, Declaratio Brevis* («Ein philosophischer Schlüssel», «Eine kurze Erklärung» – siehe «Rosenkreuzertum») und das in der Öffentlichkeit bei weitem bedeutsamste Werk, den ersten Teil von *Utriusque Cosmi Historia* («Die Geschichte des Makrokosmos»). Frances Yates umschreibt letztere Widmung wie folgt: «Jakob wird als ‹Ter Maximus› angeredet, als Herrscher der Himmel und der Erde, ein leuchtender Strahl des göttlichen Lichts, dem die Wahrheiten über die Natur, die in diesem Buch enthüllt werden, gewidmet sind, die einen Weg zu den Himmeln öffnen, wie durch Jakobs Leiter, und die der Gottheit auf Erden, König Jakob dargebracht werden.»[4]

Fludd und Jakob erfreuten sich ganz eindeutig eines gegenseitigen, fruchtbaren Austausches. Fludd schreibt, dass er «von seiner heiligsten Majestät immer mit vorzüglicher Güte betrachtet worden sei» (Widmung in *A Philosophicall Key*).

Fludd schildert, wie Jakob ihm dieselbe Art von detaillierter Reaktion auf sein Werk habe zukommen lassen wie bei Bacon. So schreibt er zum Beispiel im Zusammenhang mit einem bestimmten alchimistischen Experiment mit Weizen, wie «es seiner vorzüglichsten und gelehrtesten Majestät gefallen habe, ihm zu widersprechen, und das höchst rechtens»[5].

Fludds eigene Worte stützen die heute weit verbreitete Ansicht nicht, dass Jakob ein Gegner von Fludd gewesen sei. Wer diese Ansicht vertreten möchte, muss in der Tat Fludds eigenen Äußerungen *widersprechen*. Joscelyn Godwin berichtet, dass Fludd von Jakob im Jahre 1617 herbeigerufen wurde, um auf Anschuldigungen zu antworten, die gegen *Utriusque Cosmi Historia* erhoben worden waren. Jakob war weit entfernt davon, mit den Anschuldigungen konform zu gehen, sodass das Ergebnis des Treffens in Fludds eigenen Worten war, dass er

«... von der Zeit an viele gnädige Vergünstigungen von ihm erhielt und Zeit seines Lebens meinen gerechten und königlichen Schutzherrn in ihm fand»[6]. (Ich füge weitere Berichte über Fludd in den Abschnitten «Hermetik» und «Rosenkreuzertum» bei.)

John Donne
John Donne, dessen Geschichte in ihrer vollen Komplexität und Tiefe wohl noch nicht ergründet worden ist, widmete sein Buch *Pseudo-Martyr* («Pseudo-Märtyrer») König Jakob. In einer frühen Biographie über Donne wird gesagt: «Im Jahre 1609 ordnete der König die Abfassung des *Pseudo-Martyr* an» (Walton, *Life of Donne*). Ein späterer Biograph sagt dazu: «Wenn der *Pseudo-Martyr* nicht auf Befehl des Königs verfasst wurde – und selbstverständlich würde diese Autorität im Buche selbst auf keinen Fall genannt werden –, so wurde es zumindest dem König gewidmet und hauptsächlich um dessen Beachtung willen geschrieben.»[7] Das Schlusskapitel der wunderbaren Biographie von Charles William über König Jakob heißt: «Die feierliche Rede von John Donne.» William teilt uns mit, dass Donne «nach eigenem Zeugnis König Jakob die Möglichkeit seiner seelischen Wiedergeburt verdanke; er verdanke ihm das Priestersein und alles, was dieses Priestersein ihm bedeutet hat». Donne selber spricht so darüber:

«Wenn ich mich still hinsetze und die königlichen Gunstbezeugungen meines alten Meisters überdenke, so komme ich immer mehr zur Auffassung, dass er es war, der in mir den Wunsch, Priester zu werden, zuerst weckte.» Donne fügte hinzu: «Ich rechne mein Leben erst ab meiner Priesterschaft, denn ich fand Gnade, als ich die Priesterschaft erlangte.» Die Art, wie dies geschah, spricht für sich.

Robert Carr hatte König Jakob gebeten, Donne zum Mitglied des Rates (des Regierungsgremiums – Clerk of the Council) zu berufen. Jakob lehnte ab und sagte: «Ich weiß, dass Donne ein Gelehrter ist, die Fähigkeiten eines gelehrten Gottesmannes hat und sich als mächtiger Prediger erweisen wird, *und ich möchte ihn lieber* als solchen sehen.» (Hervorhebung RR.)

In den Worten von Williams: «Durch dieses hartnäckige Beharren von Seiten des Königs wurde Donne zur geheimem Erforschung des eigenen Geistes getrieben und bei dieser Forschung fand er den Weg zu der höchsten Suche nach dem Geist. Dies hätte auf vielfältige Art geschehen können; es geschah aber auf diese Weise. Jakob Stuart ist Donnes tiefe und sublime Redekunst in seinen Predigten und die Entdeckung Gottes, die diese Redekunst nuanciert und erleuchtet, zu verdanken.»

Nach König Jakobs Tod predigte Donne, einige Tage vor dessen Begräbnis, im Angesicht von dessen Leichnam. Er wählte zum Thema die Hand des Königs. Mag auch George Villiers einmal an Jakob geschrieben haben «Ich küsse Eure schmutzigen Hände», so sind Donnes Worte doch sehr anders: «Diese Hand, die die Hand des Schicksals war, des christlichen Schicksals, die Hand des allmächtigen Gottes (...) Es war keine so harte Hand, als wir sie das letzte Mal berührten, es war keine so kalte Hand, als wir sie das letzte Mal küssten.»

Inigo Jones und Ben Jonson (Maskenspiele bei Hof)
Eine sorgfältige Abhandlung über den kulturellen Einfluss von König Jakob und seine Beziehungen zu bedeutsamen Persönlichkeiten würde auch das politisch wie geistig so komplexe

Phänomen der Maskenspiele am Hof berücksichtigen müssen. Das könnten andere weit besser leisten als ich selbst.[9]

Die Maskenspiele waren außergewöhnlich teuer[10], da sie technisch höchst ausgeklügelt waren. Zu den Leuten, denen Jakob die Ausstattung spektakulärer Effekte bei Maskenspielen anvertraute, gehörte Cornelius Drebbel, der die Konstruktion seines Perpetuum mobile König Jakob widmete.[11] Frances Yates vermutet, dass Robert Fludd mit Inigo Jones zusammengearbeitet hat, um das perspektivische Szenentheater, das durch die Maskenspiele aufkam, zu ermöglichen. Die Verbindungen von Inigo Jones, dem Hauptplaner und Architekten der Maskenspiele, mit König Jakob ließe sich in aller Ausführlichkeit darstellen. Neben den Maskenspielen, den Untersuchungen zu Stonehenge, den Plänen für den Whitehall-Palast und vieler anderer Hofgebäude zeichnete Jones auch Jakobs ausgetüftelten Katafalk für dessen Bestattung in der Westminster Abbey.

Der andere wichtige Akteur in dem ganzen eigenartigen Unterfangen der Maskenspiele ist Ben Jonson. Jonson gibt uns oder eher gesagt dem erlesenen Hofpublikum Zeilen wie diese, in denen er Prinz Heinrich mit Oberon und Jakob mit König Artus vergleicht:

> Melt earth to sea, sea flow to air,
> And Air fly into fire,
> Whilst we in tunes to Arthur's Chair
> Bear Oberon's desire,
> Than which there nothing can be higher,
> Save James, to whom it flies:
> But he the wonder is of tongues, of ears, of eyes.[12]

Wer literarisches Gespür hat, für den kann nichts treffender die Doppelnatur von Jakob kennzeichnen, als dass er sowohl der Adressat solcher Worte als auch der Adressat von *King Lear* ist.

Schließlich sollte noch bemerkt werden, dass Jakob im Alter von zweiundzwanzig Jahren zu einer Hochzeit im Holyrood-Palast selbst ein Maskenspiel entworfen und geschrieben hat, in welchem er mit der Tradition begann, die Jonson weiterführte, nämlich seinen Hof mit *Arthur's Chair* (Artus' Sitz) zu vergleichen. Der Vergleich beruht im Zusammenhang mit Jakobs Maskenspiel auf einer topographischen Realität, da das Schloss Holyrood am Fuße des *Arthur's Seat* genannten Hausberges von Edinburgh liegt.

William Harvey und William Paddy (Hofärzte)
König Jakobs Arzt war Sir William Paddy, sein persönlicher Leibarzt war Sir William Harvey, der den Blutkreislauf entdeckte. Beide waren befreundet mit einem anderen Mitglied des königlichen Ärztekollegiums, von dem wir schon gesprochen haben: Robert Fludd[13], der nach Frances Yates «eine unorthodoxe Medizin nach Paracelsus» praktizierte.

Fludd und Paddy freundeten sich später mit Michael Maier, dem Hofarzt Rudolfs II., an – «dem geheimnisvollsten der Hofärzte (...) Paracelsusanhänger, Alchimist und Reformer»[14]. Maier und auch Fludd widmeten Paddy Bücher.

Eines Tages wird vielleicht einmal ein gelehrter Arzt aufschlussreiche Einblicke in alle diese medizinischen Querverbindungen bieten können. Sie sind komplex, hinterlassen aber bestimmt kein Schreckgefühl über den engsten ärztlichen Kreis um König Jakob und das, was durch Fludd und Maier vertreten wurde. Vielmehr stehen wir einmal mehr vor einem rätselhaften Nebeneinander von Altem und Neuem.

Die einzige Person, die sich dezidiert gegen den Einfluss von Paracelsus ausspricht, ist Francis Bacon. Die Rosenkreuzerstreitschrift, die *Fama*, spricht in Worten des höchsten Lobes über Paracelsus und höchst negativ über Galen. An diesem Beispiel lässt sich ein klarer Gegensatz zwischen den Intentionen des Verfassers der *Fama* und denen von Francis Bacon konstatieren. Anlässlich einer Krankheit von König Jakob schrieb Bacon diesem: «Ich bitte Ihre Majestät inständig, mir dieses Urteil zu erlauben; die Genesung Ihrer Majestät muss geschehen durch die Arznei von Galen und der Araber und nicht durch die der Chemiker oder Paracelsusanhänger.»[15] In *The Advancement of Learning* (Buch 2) spricht Bacon ebenfalls verächtlich von Paracelsus und den Alchimisten.

2. Hermetische Philosophie

Frances Yates weist darauf hin, dass bis zur Regierung von Jakob I. keine von einem Engländer verfasste umfassende Abhandlung über die hermetische Philosophie publiziert worden sei.[16]

Im Jahre 1614 veröffentlichte Isaac Casaubon ein Werk mit dem Titel *De Rebus sacris et ecclesiasticis exercitationes XVI*, das ungeheuren Einfluss gewann, da er darin zwingend bewies, dass der zentrale hermetische Text, die *Hermetica*, nicht dem legendären Hermes Trismegistos im alten Ägypten zugeschrieben werden könne, sondern in Wirklichkeit eindeutig in der Zeit nach Christus niedergeschrieben worden sei.

Frances Yates beschreibt die erschütternde Wirkung von Casaubons Datierung der *Hermetica* auf die ganze Haltung der Menschen gegenüber der hermetischen Philosophie und bezeichnet dies als eine «Wasserscheide, die die Renaissance von der Moderne trennt»[17].

Casaubon widmete sein Buch König Jakob, der laut Yates Casaubon sogar dazu ermutigte, in dieser Richtung erst einmal zu schürfen.[18] Eine Biographie über Donne hält fest: «Casaubon kam auf des Königs Einladung hin nach England.»[19]

Dies hat zu der Ansicht geführt, dass Jakob ein entschiedener Feind der hermetischen Weltsicht und von Persönlichkeiten wie Fludd und Maier sei. Diese Auffassung lässt nicht nur die Doppelnatur Jakobs, sondern auch die Art, wie er von seinen Zeitgenossen gesehen wurde, völlig außer acht, wenn sie nicht gar beides verleugnet. Denn drei Jahre nach Casaubons Buch widmete Robert Fludd sein eigenes Buch *Utriusque Cosmi Historia* König Jakob *als dem Hermes Trismegistos*, indem er ihn als «Ter Maximus» bezeichnete.[20] Die langatmige Widmung Fludds an Jakob kommentierend sagt Frances Yates: «Es ist fast so, als ob Fludd mit diesen Widmungsworten Jakob zur Verteidigung des Hermetischen Glaubens aufrufen wolle.[21]

Auch Frances Bacon spricht Jakob ausdrücklich als den dreifach großen Hermes an:

«Eure Majestät ist begabt mit dieser Dreiheit, die in großer Verehrung dem Hermes der Antike zugeschrieben wurde: die Macht und [der] Reichtum eines Königs, das Wissen und die Erleuchtung eines Priesters, und die Kenntnisse und [die] Universalität eines Philosophen.»[22]

3. Rosenkreuzertum

Wie schon in früheren Kapiteln erwähnt, muss zwischen dem, was äußere Dokumente über das so genannte Rosenkreuzertum aussagen, und jenen wahren Rosenkreuzern unterschieden werden, die völlig abseits von der Öffentlichkeit wirkten und auch nicht dokumentarisch nachweisbar sind. Ich kann natürlich über die letzteren nichts sagen und mich daher auch nicht über deren mögliche Verbindungen zu Jakob I. äußern. Es gibt allerdings mehrere, bisher unbeachtete Bezüge zwischen Jakob und dem, was als äußeres Rosenkreuzertum bekannt ist.

In seiner *Declaratio Brevis* erörtert Robert Fludd ganz direkt das Rosenkreuzertum. Es ist eine kurze Darlegung für Jakob, deren voller Titel lautet: *Declaratio brevis Serenissimo et Potentissimo Principe ad Domine Jacobo Magnae Britanniae ... Regi*. Fludd rechtfertigt in der Schrift, laut Yates, die Rosenkreuzer, bestätigt seine eigene Zugehörigkeit, verteidigt seine Philosophie als aus alten und heiligen Quellen geschöpft und erwähnt zugleich die Widmung seines Makrokosmosbuches für «Eure Majestät unmittelbar nach Gott»[23].

Im Jahre 1611 schickt Michael Maier eine Karte, die oft eine «rosenkreuzerische Weihnachtskarte» genannt worden ist, an

König Jakob (siehe Tafel 17). Joy Hancox sagt dazu: «Auf Pergament gezeichnet, in den Maßen drei auf zwei Fuß, besteht sie hauptsächlich aus einer 8-blättrigen Rose, die mit lateinischen Inschriften überzogen ist. Um die Blütenblätter herum stehen Wünsche für des Königs Gesundheit und Wohlstand. Sie ist unzweifelhaft ein Rosenkreuzersymbol.»[24]

Die außergewöhnliche Natur von Simon Studions Werk *Naometria*, das 1604 geschrieben wurde, lässt es als sehr wahrscheinlich erscheinen, dass es in der Tat, wie viele glauben, echte rosenkreuzerische Wahrheiten enthält. Frances Yates stellt fest, dass mehrere «sich schon früh mit dem Rosenkreuzermysterium befassende Studenten» und Johann Valentin Andreae selbst in *Naometria* «einen wichtigen Einfluss auf die Rosenkreuzerbewegung» erblickten.

Naometria beschreibt gewisse Ereignisse, auf die meines Wissens in keinem anderen Dokument aus der damaligen Zeit angespielt wird. Das Werk spricht zum Beispiel von einer wichtigen Konferenz, die 1586 in Lüneburg stattgefunden habe und die von manchen als «Ursprung der Rosenkreuzerbewegung» angesehen wird. «*Die ganze Komposition von Naometria scheint*», nach Yates, «*eine geheime Allianz von Heinrich, dem König von Frankreich, Jakob I. von Großbritannien und Friedrich, dem Herzog von Württemberg, widerzuspiegeln*». Nach Auffassung von Simon Studion bestand diese geheime Allianz im Jahre 1604 – ein Jahr von enormer Bedeutung für die Rosenkreuzerbewegung. Die *Fama Fraternitatis* gibt an, dass 1604 das Grabmal von Christian Rosenkreuz entdeckt wurde, und «neue Sterne», die man in diesem Jahr entdeckte, wurden mit den von den Rosenkreuzermanifesten angekündigten Veränderungen in Verbindung gebracht.[25]

Unter den vielen eigenartigen Formen und Diagrammen in *Naometria* ist eines, das von Yates als Grobumriss einer Rose mit einem Kreuz in der Mitte (siehe Bild 18) beschrieben wird. A. E. Waite glaubte, dass dies das «allererste Beispiel für den rosenkreuzerischen Rose- und Kreuz-Symbolismus sei»; dazu bemerkt

Yates schlicht: «Ich könnte nicht sagen, dass ich völlig davon überzeugt wäre.»[25]

Die Zeichnung ist voll von jenen eigenartigen Datumskombinationen der *Naometria*, und man könnte ohne Weiteres leicht einwenden, dass es gar keine Rose sei. Falls man die Zeichnung als rosenähnlich ansieht, so ist es eine achtblättrige Rose, die so nicht in der Natur, sondern nur auf der Zeichnung von Maier an König Jakob zu finden ist. Die Blütenblätter in den beiden Diagrammen könnten sogar als von gleicher Form angesehen werden. Ich bin jedoch natürlich nicht in der Lage, sagen zu können, dass Maier die Zeichnung in *Naometria* kannte, oder, falls er sie kannte, sich auf diese beziehen wollte. Dennoch besteht zwischen beiden Zeichnungen ein Bezug, unabhängig von der Form. Beide sind nämlich durch ihren jeweiligen Kontext eng mit König Jakob verbunden. Und beide haben fast zu denselben Fragen Anlass gegeben: «Ist es ein Rosenkreuzersymbol oder nicht?» Eine Frage, die völlig angemessen ist, wenn es um König Jakob geht.

Meine Nachforschungen in der alchimistischen Bibliothek von George Erskine (siehe Seite 113) bestätigen auch, dass Jakob aller Wahrscheinlichkeit nach Empfänger beider Rosenkreuzermanifeste, der *Fama* und der *Confessio*, wie auch von Schweighardts Rosenkreuzerschriften und -bildern gewesen ist.

4. Heilige Architektur: Stonehenge und das Globe Theatre

Stonehenge

Im Schlusskapitel von *The Theatre of the World* («Theater der Welt») beschreibt Frances Yates den bemerkenswerten «Fehler», den Inigo Jones hinsichtlich des Ursprungs von Stonehenge machte. Jones untersuchte Stonehenge und erklärte fälschlicherweise, dass es ein römischer Tempel gewesen sei. Die Art von römischem Tempel, wie Jones ihn beschrieb und wie er ihn in den Schriften Vitruvs entdeckt hatte, war überdies gar kein

Tempel, sondern ein *Theater* gewesen. (Frances Yates hält es für unmöglich, dass Jones dies nicht gewusst haben konnte.) Jones schließt seine Abhandlung über Stonehenge, indem er Stonehenge mit Salomos Tempel vergleicht: «Und weiter (falls es rechtens ist, einen so heidnischen Ort mit einem so göttlichen Werk zu vergleichen): War nicht der Tempel in Jerusalem mit Cherubim-Figuren geschmückt, damit die Völker der Erde erfahren sollten, dass er die Wohnstätte des lebendigen Gottes war? Und warum nicht auf ähnliche Art dieser Tempel?»

Dies alles wurde in einem Buch mit dem Titel *The Most Notable Antiquity of Great* Britain, *Called Stone Heng, on Salisbury Plain, Restored*, dargestellt und drei Jahre nach dem Tode von Inigo Jones von dessen Schwiegersohn John Webb veröffentlicht. Das ganze Buch, sagt Yates, war entweder wirklich von Jones oder in enger Anlehnung an seine Manuskriptnotizen verfasst.

Von besonderem Interesse für unser Thema ist es, wenn Jones beschreibt, dass bezeichnenderweise kein anderer als König Jakob[26] die Untersuchung von Stonehenge angestoßen habe: «Als König Jakob im Jahre 1620 auf seinem Vormarsch in Wilton war und über dieses antike Monument (Stonehenge) sprach,[27] wurde ich vom Ehrenwerten William, dem späteren Earl of Pembroke, vorgeladen und *erhielt den königlichen Befehl*, aus meinen eigenen Erfahrungen mit der Architektur und den Altertümern im Ausland darzustellen, *was mir bezüglich Stonehenge zu entdecken möglich sei*.» (Hervorhebung RR.)

Das Globe Theatre

Yates führt weiter aus, dass, obwohl Jakobs Kommentare über Vitruvs römisches Theater (Tempel) in Bezug auf den Ursprung von Stonehenge unrichtig seien, sie in Bezug auf den Ursprung des Globe Theatre doch viel Wahres in sich bergen. (Yates versucht, in einem großen Teil des restlichen Buches diesen Anspruch zu untermauern.)

Da Inigo Jones sicher wusste, dass Vitruv sich auf ein Theater bezog, und da Jones mit dem Globe Theatre Erfahrung aus erster Hand besaß, behauptet Yates, dass, obwohl man von Jones im Allgemeinen nicht glaubt, dass er sich mit öffentlichen Theatern wie dem Globe beschäftigt habe, uns seine Bemerkungen über Stonehenge eines Besseren belehren könnten.

Jones' Interpretation von Stonehenge kann uns nach Yates zeigen, dass er ein Theater wie das Globe als «ein mit einem Tempel verschmolzenes Theater oder einen mit einem Theater verschmolzenen Tempel» betrachtete «oder als ein Tempeltheater, hinter dem der Tempel von Jerusalem aufragte.»[28]

Da Yates nie den Blick auf den Einfluss von König Jakob lenken mochte, ist sie nicht imstande, die Rolle, die Jakob beim Beginn der Forschungen über Stonehenge spielte, mit dem, was sie anderswo über Jakobs Verbindungen mit dem Globe Theatre enthüllt, in Zusammenhang zu bringen.

In ihrem früheren Buch *The Art of Memory* vertritt Yates ganz offen die Meinung, dass Fludd eine Seite von Jakob kenne, die der Öffentlichkeit verborgen sei.[29] Dies zeigt sich nirgends deutlicher als in der Beziehung zu Shakespeares Globe Theatre. Yates' Ansicht geht dahin, dass alles, was hinter dem Globe Theatre steht, in Robert Fludds «Theatre Memory System» zu finden sei. Dieses «Theatre Memory System» wird in Fludds *Utriusque Cosmi ... Historia* beschrieben. Und so schreibt Yates in den sechziger Jahren im Brustton der Überzeugung: «Es ist uns gelungen, das Globe Theatre in seinem Versteck in *Utriusque Cosmi ... Historia* aufzuspüren, wo es sage und schreibe dreieinhalb Jahrhunderte lang verborgen war.» *Utriusque Cosmi ... Historia* war natürlich das Buch, das in so überaus erhabenem Tone dem König Jakob gewidmet war. Yates fragt deshalb: «Ist Fludds System der 24 Memory Theatres im Tierkreis mit Bedacht gewählt, um seine Andeutung auf das Globe Theatre vor allen außer den Eingeweihen, von denen vermutlich Jakob einer war, zu verbergen?[30]

Yates teilt uns ebenfalls mit, dass Jakob I. eine beträchtliche Summe zu den Wiederaufbaukosten des Globe nach dem Brand von 1613 beigesteuert habe.[31] Fludd sagt, dass er an ein reales öffentliches Theater gedacht habe, als er sein *Theatre Memory*

System geschrieben habe, das er in seiner Radierung *Theatrum Orbi* abbildete. Yates behauptet, dass dies ganz sicher das Globe gewesen sein müsse, da es das berühmteste der öffentlichen Theater Londons gewesen sei und auch einen ähnlichen Namen – Orbi/Welt/Globe – hatte. Yates fragt auch, «ob es nicht auch eine gute Art war, da Teil I von *Utriusque Cosmi ... Historia* König Jakob gewidmet war, das Interesse des Monarchen an einem zweiten Band wachzuhalten, indem im ‹Memory System› auf das wiederaufgebaute Globe angespielt wurde, zu dessen Wiedererrichtung Jakob großzügig beigetragen hatte und das das Theater seiner eigenen Schauspieltruppe, nämlich der königlichen Truppe, war».[32]

5. Alchimistische Bibliothek

Adrian Gilbert teilt uns mit, dass Jakob, trotz seiner Abneigung gegen «alles, was nach Zauber roch, sich sehr für Alchimie interessierte und eine beachtliche Bibliothek darüber besaß».[33]

Es ist mir nicht bekannt, wo Gilbert diese Information her hat, da ich nirgends einen Hinweis auf eine im Besitz von König Jakob gewesene Bibliothek über Alchimie fand. Allerdings weisen die beiden bedeutsamen alchimistischen Bibliotheken in England vom Beginne des 17. Jahrhunderts vielsagende Spuren eines Zusammenhangs mit König Jakob auf.

Die eine dieser Bibliotheken gehörte Sir Robert Ker, oder Carr, dem ersten Earl von Ancrum (1578–1654). Sie umfasst Werke von Hermes, Sendivogius, Basil Valentinae, Robert Fludd und Michael Maier, so Maiers *Gesetze des Rosenkreuzes*. Sie besitzt auch ein Exemplar von Schweighardts entsprechend betiteltem Werk: *Speculum Sophicum Rhodostauroticum*.

Wie Adam McClean sagt, verrät die Bibliothek unzweifelhaft Kers tiefes Interesse an hermetischem und rosenkreuzerischem Material.

Doch wer war Robert Carr?

Er war der Cousin des berühmteren Namensvetters, Robert Carr, Earl of Somerset, des ersten unter König Jakobs nahen Günstlingen. Beide Robert Carrs kamen 1603 mit König Jakob nach England. Die Verbindung Robert Carrs von Somerset mit König Jakob und sein spektakulärer Aufstieg und Fall sind wohl dokumentiert. Weit weniger ist von Robert Ker, dem Earl of Ancrum, bekannt. Zeitweise dachte man, es handle sich um dieselbe Persönlichkeit, zum Beispiel im Zusammenhang mit John Donne, einem engen Freund von Ker, dem Earl of Ancrum. Doch was man von Letzterem weiß, deutet auf eine fortwährende Verbindung mit König Jakob. Ker wurde im Jahre 1605 oder 1606 zum Ritter geschlagen. Er wurde einmal vom König selbst begnadigt, als er nämlich in einem Duell einen gewissen Charles Maxwell tötete, der Ker anscheinend herausgefordert hatte, um dem Herzog von Buckingham (Jakobs zweitem Günstling) zu Gefallen zu sein. Ker arbeitete eng mit Prinz Henry und auch Prinz Charles (dem späteren König) zusammen.

Die zweite Sammlung wirft noch wichtigere Fragen auf. Sie gehörte Sir George Erskine (1570–1646) und besteht aus «einer bedeutsamen Sammlung alchimistischer Manuskripte, unter anderem einem seltenen und ungewöhnlichen alchimistischen Dokument, der *Ripley Scroll*» (der Ripley-Schriftrolle)[35]. Diese Beschreibung kann jedoch keineswegs deutlich machen, von welch ungeheurem Rang und welch ungeheurer Bedeutung diese Sammlung war. Sie umfasst insgesamt sieben Bände – sechs große Bände von Transkriptionen hermetischer Texte und die Ripley Scroll. Die fünf erhaltenen Bände umfassen «über 1500 Folios mit Transkriptionen von ungefähr 140 Texten». Der vierte Band enthält sehr frühe Übersetzungen der *Fama Fraternitatis* und der *Confessio Fraternitatis* ins schottische Englisch. Die Titel der übrigen Bände lesen sich wie ein Pantheon der Alchimie und des Mysterienwissens – Hermes Trismegistos, Raymond Lullus, Arnold de Villa Nova, Roger Bacon, Pico della Mirandola, Agrippa, Theophilus Schweighardt, Basilius Valentinus, um nur die Bekanntesten zu nennen. Das meiste davon ist auf Lateinisch, zum Beispiel «Alchimistische Rezepturen auf Lateinisch, mit Federzeichnungen von Destillierapparaten und Flaschenzügen».[35] Die Ripley Scroll ist «ein Pergament, achtzehn Fuß lang und drei Fuß breit, das den Anschein erweckt, als biete es die notwendigen Schritte zum Erlangen des Steins der Weisen»; es wurde vom Canonicus von Bridlington, George Ripley, im 15. Jahrhundert verfasst.

Nach Lord Cromertie, dem Enkel von Sir George Erskine, war Erskine «ein großer Erforscher der Naturphilosophie mit beträchtlichen Kenntnissen in der hermetischen Schule», und er teilt mit, dass Erskine «mit den an sehr entlegenen Orten lebenden Söhnen des Hermes selbst im Briefwechsel stand».

Laut Cromertie wurde ein Großteil der Sammlung von der «Society at Hess» (Gesellschaft in Hessen) an Erskine gesandt, und zwar durch einen gewissen Dr. Politius.[36] Politius sagte, dass «auf Weisung dieser Gesellschaft sein Hauptauftrag in Schottland die Unterredung mit ihm [Erskine] sei».

Niemand kann dieses Interesse Sir George Erskines an dergleichen Dingen, nach allem, was von ihm bekannt ist, erklären. Jan McCallum schreibt: «Es ist schwierig, Erskines so sehr praktische und weltliche Tätigkeiten (...) mit seiner Beschäftigung in Sachen Alchimie und Rosenkreuzertum in Einklang zu bringen.»[34]

Und an anderer Stelle: «Es ist bemerkenswert, dass es so wenig Zeugnisse über Erskines alchimistische Interessen gibt. In einer derart wohlbekannten Familie mit ihren ausgedehnten Adels- und Hofbeziehungen war er vielleicht nicht so hervorstechend, doch war er immerhin eine herausragende Gestalt seiner Zeit. Er wird als die wichtigste Person unter einer Anzahl von Anhängern der Hermetischen Philosophie oder Alchimie zur Zeit Jakobs VI. beschrieben; doch abgesehen von seinen Manuskripten ist nicht bekannt, bis zu welchem Ausmaß er mit praktischer Alchimie befasst war.»

Was wir jedoch über George Erskine tatsächlich *wissen*, ist, dass er von Jugend an ein Freund von Jakob VI. (I.) war. Sie waren zusammen Schüler unter dem königlichen Erzieher George Buchanan. Jakob nennt George Erskine in einem Brief, in dem er Anweisungen gibt, dass Erskine Ländereien übertragen werden sollten, «unseren vertrauten und geliebten Sir George Erskine of Innerteill». Im Jahre 1618 ernannte ihn Jakob zum Mitglied des «Secret or Privy Councils» (des Geheimen oder königlichen Rats) in Schottland und sagte dazu, dass er, Jakob, «die Fähigkeit und Eignung von Sir George Erskine durchaus kenne, wie auch dessen positive Einstellung zur Förderung von allem, was ihm, dem König, dienlich sei».

Angesichts der bis in die Knabenzeit zurückgehenden Verbindung und im Lichte all dessen, was wir von König Jakob wissen, scheint es kaum glaubhaft, dass Jakob nichts von Erskines umfangreicher esoterischer Sammlung gewusst haben sollte. Wir sind sicher zur Annahme berechtigt, dass Jakob mit allem, was hinter dieser Sammlung stand, sogar eng verbunden war. Alles bisher Gesagte deutet aber darauf hin, dass es nicht Jakobs Art war, die Dinge selbst auszuführen beziehungsweise als deren Urheber in Erscheinung zu treten. Abgesehen von all dem, was wir über Bacon und Shakespeare gesagt haben, haben wir dies auch im Falle von William Schaw bezüglich der Freimaurerei, bei Inigo Jones bezüglich Stonehenge, und im Zusammenhang mit der Bibelübersetzung festgestellt. Zu behaupten, dass Jakob delegierte, ist eine riesige Untertreibung. Wir sollten uns auch daran erinnern, dass der volle Titel der *Confessio* in der schottischen Übersetzung der Erskine-Sammlung lautet: «Das Bekenntnis der löblichen Bruderschaft des hochverehrten Ordens des Rosenkreuzes, *geschrieben für die Gelehrten Europas.*» (Hervorhebung durch den Autor.)

Was auch immer die Leute bei Jakob in Abrede stellten, so hat keiner jemals seinen Status als «Gelehrter Europas» in Zweifel gezogen und dass die *Confessio* also auch an ihn gerichtet war. Dr. Politius' «schottischer Auftrag» könnte, in diesem Lichte betrachtet, viel sinnvoller erscheinen. Ich könnte mir leicht vorstellen, dass ein beträchtlicher Teil von Erskines Sammlung tatsächlich mit dem Gedanken an Jakob transkribiert und übersetzt wurde, wenn nicht gar auf sein Betreiben hin.

Ein letztes typisches Jakobsches Detail gibt dieser Vermutung recht. Lord Cromertie gab Erskines Sammlung in öffentliche Hände, nämlich an die königliche medizinische Fakultät der Universität von Edinburgh, und zwar am 19. Juni 1707. 1707 war das Jahr, in dem das von Jakob hochgehaltene Ideal, die *Vereinigung* von Schottland und England, endlich verwirklicht wurde. Der 19. Juni war König Jakobs Geburtstag. Die riesige esoterische Bibliothek, durch welche Mittel sie auch immer zustande kam, ist somit nichts weniger als ein Geschenk zum Geburtstag von König Jakob!

Cromertie schrieb auf die erste Seite des ersten Bandes: «Affectionately and humbly offred on the nyneteen of June AN CHR 1707.» (›In Zuneigung und untertänigst überreicht am 19. Juni im Jahre des Herrn 1707‹). Er wiederholt dies noch einmal auf Lateinisch im 7. Buch, wo sich – im Rahmen der Siebenzahl, der mystischen Symbole und der Bezugnahme auf Erskines Mitgliedschaft in Jakobs Geheimem Rat – diese Widmung, ob beabsichtigt oder nicht, wie eine Art alchimistisches Siegel zu dieser Verbindung ausnimmt: «Edinburgi, decimo nono di Junii anno millesimo septigenterimo et septimo, hoc misticum symbole in avita bibliotheca Doni Georgii Areskine (...) philosophiae hermeticae et alumnus et decor, Regumque sui aevi a Consiliis Secretis.»

Ker und Erskine, die Besitzer der beiden bedeutsamsten Bibliotheken in England zu Jakobs Zeiten, waren Jakob nicht nur beide persönlich bekannt, sondern standen auch miteinander in Verbindung. Adam McClean teilt uns mit, dass die Wasserzeichen zeigen, dass sie dasselbe Schreibpapier benutzten, besonders bei den Rosenkreuzermanifesten.[37] In diesem entscheidenden Punkt zeigt sich nun, dass diese beiden Bibliotheken eine gemeinsame Quelle haben. Adam McClean sagt dazu: «Durch die Entdeckung, dass zwischen diesen Manuskripten eine Verbindung besteht, können wir eine Verbindungslinie ziehen, die zu einer Anzahl von Aristokraten führt, die zumeist schottischen Ursprungs waren und mit König Charles und König Jakob in enger Verbindung standen, und diese Linie führt bis zu Robert Ker zurück. Es ist nicht unmöglich, dass künftige Untersuchungen zu diesen Persönlichkeiten und deren Freundeskreis noch weitere dokumentarische Nachweise über die Entfaltung des Rosenkreuzertums in England liefern könnten.»

Ich möchte behaupten, dass ein entscheidendes, bis jetzt aber kaum je beachtetes Glied in all dem wie in den besten Kriminalgeschichten die am wenigsten verdächtige Person ist, in diesem Falle nämlich König Jakob selbst. Es scheint mir aber kaum wahrscheinlich, dass seine Wirksamkeit in irgendeinem «dokumentierten Beweisstück» im Einzelnen zutage treten wird.

6. Der Personenkreis um Shakespeare

Es gibt mehrere rein biographische Verbindungen zwischen König Jakob und Shakespeare, die man bisher wenig beachtet hat. Als Jakob im Jahre 1603 nach London kam, fand Shakespeare außerordentlich rasch die Gunst des Königs. Dasselbe gilt für Bacon, der innerhalb von vier Monaten nach Jakobs Ankunft den Ritterschlag empfing; doch bei Shakespeare verlief das Ganze noch dramatischer: Obwohl der neue König eine Überfülle von anderen Dingen zu erledigen hatte, die seine Aufmerksamkeit verlangten, übernahm er zehn Tage nach seiner Ankunft die königliche Schirmherrschaft für die Lord Chamberlainsche Schauspieltruppe. Shakespeare war damit einer von des Königs Mannen.[38]

Alvin Kernan beschreibt dies genauer: «Bald nach Jakobs Ankunft in London verlieh die Krone der Schauspieltruppe, deren ansässiger Dichter und Teilhaber William Shakespeare war, eine Vollmacht. *Die Angelegenheit ging in der außerordentlich kurzen Zeit von zwei Tagen durch die Hände der Hofbürokratie* und war am 17. Mai abgeschlossen. Die Königsmannen hatten offensichtlich einige gute Freunde beim Thron, vielleicht den Earl of Southampton, vielleicht den Earl of Pembroke, vielleicht beide.» (Hervorhebung RR.)

Henry Wriothesley, Earl of Southampton
Die beiden letztgenannten Persönlichkeiten sind in Shakespeares Leben von enormer Bedeutung und sie figurieren zu recht in allen Diskussionen über die Autorschaft seiner Werke. Shakespeare widmete Henry Wriothesley, dem Earl of Southampton, seine Werke *Venus und Adonis* und auch den *Raub der Lucretia*. In seiner Widmung spricht er ihn wie folgt an: «Die Liebe, die ich Eurer Lordschaft weihe, ist unendlich (...) was ich vollbrachte, ist Euer; was ich zu vollbringen habe, ist Euer.»

Die einzigen anderen Personen, die im Werk Shakespeares bei Widmungen mit Namen genannt wurden, sind die beiden Brüder William Herbert (Earl of Pembroke) und Philip Herbert (Earl of Montgomery), denen das *Erste Folio* zugeeignet wurde, obwohl es erst sieben Jahre nach Shakespeares Tod im Jahre 1623 veröffentlicht wurde.

Henninges und Condell, die das *Erste Folio* herausgaben, sprechen in ihrer Widmung an die Herbert-Brüder – das «unvergleichliche Brüderpaar» – über die Beziehung, die sie mit Shakespeare zu dessen Lebzeiten hatten: «Da Eure Lordschaften diese kleinen Stücke vormals als etwas Lebendiges betrachteten und diese wie auch deren Verfasser mit so viel Gunst begleitet haben, hoffen wir, dass sie den Autor überleben und er nicht das Schicksal haben möge, das schon manchen widerfuhr, der Testamentsvollstrecker der eigenen Werke zu sein. Mögen Eure Lordschaften dieselbe Geneigtheit für diese Werke hegen, die sie vormals für deren Schöpfer hegten.»[39]

Southampton und auch der Earl of Pembroke hatten überdies Shakespeare seit den ersten Anfängen seiner Dichterlaufbahn gekannt. *Venus und Adonis*, das im Jahre 1593, als Shakespeare achtundzwanzig Jahre alt war, veröffentlicht wurde, wird vom Dichter als «die erste Frucht meiner Erfindungsgabe» beschrieben, und die Titelseite von *Titus Andronicus* (1594), das oft als Shakespeares frühestes Werk angesehen wurde, sagt uns, dass es von «der Truppe des Earl of Pembroke» aufgeführt wurde. Die einzige weitere von Shakespeare namentlich verfasste Widmung ist die der Sonette: «Dem einzigen Schöpfer der folgenden Sonette M.W.H.» Die einzigen Anwärter auf diese Widmung werden im Allgemeinen in William Herbert oder Henry Wriothesley gesehen.

In der Autorschaftsdebatte wird des öfteren die «Essex-Rebellion» von 1601 genannt, in der Southampton eine größere Rolle spielte»[40]; dies vor allem deshalb, weil auf Verlangen der Leute von Essex am Vorabend der Rebellion Shakespeares Truppe *Richard II.* aufführte, ein Stück, in dem der regierende Monarch abgesetzt wird. Dies führte zu dem berühmtgewordenen Ausspruch der Königin Elisabeth: «Wissen Sie nicht, dass ich Richard II. bin?»

Was aber im Zusammenhang mit der Essex-Rebellion in der Autorschaftsdebatte fast nicht beachtet wurde, ist, dass diese Rebellion ein Versuch war, König Jakob auf den Thron zu bringen: «Eine Stuart-Partei unter der Anführung des Earl of Essex betrieb die Sache Jakobs als Nachfolger der Königin, da sie sich hartnäckig weigerte, einen solchen zu benennen. Im Jahre 1601 zettelte Essex aus Verzweiflung über den Verlust an Gunst und Einkommen eine Rebellion zur Absetzung der Königin an. Der Hauptanführer war der Earl of Southampton, der auch Shakespeares Schutzherr war.»[41]

Wie Kernan hervorhebt, wurde Shakespeares Schutzpatron Southampton daher schon mehr als zwei Jahre vor Elisabeths Tod und Jakobs Inthronisation vom künftigen königlichen Schutzherrn, König Jakob, in positivstem Lichte gesehen. Jakob befahl die Freilassung Southamptons und der anderen überlebenden Verschwörer (Essex war hingerichtet worden) schon bald nach seinem Grenzübertritt. Kernan spekuliert deshalb, ob dies nicht vielleicht der Grund für Shakespeares so rasche Förderung gewesen sein könnte: «Shakespeares Truppe mag des Königs Zustimmung erhalten haben, da sie das beste Theater machten; doch konnten sie auch einen zumindest bescheidenen, persönlichen Anspruch gegenüber dem König und seiner Regierung geltend machen (...) Shakespeare und seine Truppe genossen des Königs Dankbarkeit für ihre Unterstützung in einer kritischen Zeit.»[42]

Im Lichte dieses Buches ist die Aufführung von *Richard II.* in Verbindung mit der Essex-Rebellion wichtig, zeigt sie doch, dass zumindest an einem Punkt eine direkte äußere Verbindung zwischen dem Impuls von Jakob VI. und I. und Shakespeare vor den 1603 geschriebenen Historien gesehen werden kann.

Das unvergleichliche Brüderpaar
William Herbert, Earl of Pembroke, wird auf der Titelseite von Shakespeares erstem Drama *Titus Andronicus* im Jahre 1594 erwähnt, und das erste Folio wird später (1623) ihm und seinem Bruder gewidmet. Er hat somit eine Verbindung mit Shakespeares Werk, die vom allerersten Anfang bis zur Veröffentlichung des Gesamtwerks nach Shakespeares Tod reicht.

Die Beziehungen von König Jakob zu William und Philip Herbert waren nicht nur *viel ausgedehnter* als die zum Earl of Southampton, sondern auch viel intimer. Kernan sagt im Zusammenhang mit der Wahrscheinlichkeit, dass William, der Earl of Pembroke, Shakespeare dem König vorgezogen habe: «Pembroke, ein schöner, junger Mann, zog sofort Jakobs Auge auf sich. Zur Zeit der Krönung im Juli [1603] war er mit dem König bereits so vertraut, dass es durchging, als er bei der Zeremonie den König auf den Mund statt auf die Hand küsste, und so *hatte er auch von den frühesten Tagen der Regierungszeit an großen Einfluss beim König.*»[43] (Hervorhebung RR.)

Einem bei der Zeremonie anwesenden Venezianer (Giovanni Scaramelli) verdanken wir diese Anekdote: «Der Earl of Pembroke, ein schöner, junger Mann, der immer um den König ist und mit diesem scherzt, küsste den König tatsächlich aufs Gesicht, woraufhin der König lachte und ihm einen kleinen Puff versetzte.»[44]

Jakob entwickelte auch bald eine Zuneigung zu Pembrokes jüngerem Bruder, «den noch hübscheren Philip», der als Folge dieser vertraulichen Beziehung 1605 zum Earl of Montgomery erhoben wurde.[45] Als Philip Herbert heiratete, legte Jakob die Art von Benehmen an den Tag, die ihm, kaum zu verwundern, den Titel eines «ziemlich lästigen Patrons» eingebracht hat. In der Hochzeitsnacht schliefen Philip Herbert und seine Neuvermählte im «council chamber» (dem Ratssaal), «wo ihnen der König, bevor sie sich am Morgen erhoben hatten, einen Morgenbesuch in Hemd und Morgenmantel abstattete und eine gute Stunde im Bett oder auf dem Bett – wie es dem Leser beliebt – bei ihnen verblieb»[46].

Eine berühmte Anekdote bringt sogar König Jakob, die Herbert-Brüder und William Shakespeare zusammen. Der König verbrachte 1603 den größten Teil des Herbstes in Wiltonhouse bei Salisbury, dem Wohnsitz der Countess of Pembroke, Mary Sidney, der Schwester von Sir Philip Sidney und Mutter von William und Philip Herbert. Der Königstruppe wurde für damalige Verhältnisse eine ungewöhnlich hohe Summe, nämlich 30 Pfund, für ihr Kommen und die Aufführung eines Stücks in Wilton vor dem König geboten. Mary Sidney schrieb in einem Brief an ihren Sohn William (jetzt verloren, doch gut bezeugt), er solle nach Wilton kommen und *Wie es euch gefällt* ansehen und fügt hinzu: «Wir haben die Shakespearetruppe hier bei uns.»[47]

Frances Yates teilt mit, dass König Jakob häufig den Herbert-Sitz in Wilton besuchte. Inigo Jones erzählt, wie wir uns erinnern, dass er von William Herbert 1620 nach Wilton eingeladen wurde und dort den König treffen sollte, um dann mit diesem über Stonehenge zu sprechen.

Die Bande zwischen König Jakob und der Herbert-(Sidney)-Familie gehen in der Tat viel weiter zurück als 1603, aufgrund der tiefen Bewunderung, die er und Sir Philip Sidney füreinander hegten. In seiner *Apology for Poetry* hatte Sidney von «süßer Poesie» gesprochen, «die einstmals Könige und Herrscher (...) besaßen, nicht nur um Dichter zu begünstigen, sondern um selbst Dichter zu sein», und er nennt «König Jakob von Schottland» als ein Beispiel dafür in seiner Zeit. (Er lobt auch Jakobs Lehrer George Buchanan: «Die Tragödien Buchanans erregen zu Recht Bewunderung.») Sidney pflegte eine enge Beziehung zu Jakobs Günstling Patrick, Master of Gray. In seinem letzten Brief an Gray 1586, einige Monate vor seinem Tod, schrieb Sidney: «Und schließlich oder vielmehr vor allem: halten Sie mich, so ersuche ich Sie dringend, bei Ihrem König, den ich wirklich liebe, in gnädiger Erinnerung.»

Als Sidney starb, schrieb Jakob zwei Elegien für ihn, eine davon als Sonett, das er auch ins Lateinische übersetzte.

Der Stückeschreiber des Königs
Obwohl die öffentliche Meinung lieber an die Verbindung von Shakespeare mit Königin Elisabeth denkt, ist allmählich deutlich geworden, dass unvergleichlich mehr Dramen vor König Jakob als jemals vor Elisabeth I. aufgeführt wurden. In Anthony Holdens Shakespearebiographie lesen wir: «In den dreizehn Jahren zwischen der Thronbesteigung des Königs und dem Tod des Dichters spielte die Königstruppe bei Hof nicht weniger als 187 Mal – ein Durchschnitt von dreizehn königlichen Auftragsaufführungen pro Jahr, verglichen mit drei während der Regierungszeit Elisabeths. Er (Jakob) bezahlte zweimal soviel (...)»[48]

Diese ungeheuer ausgedehnte *Hof-Verbindung* Shakespeares und die Art und Weise, wie sie sich in Shakespeares Werk unmittelbar spiegelt, ist das Thema von Kernans Buch. Nirgends kann man das Ausmaß von Jakobs Beziehung zu Shakespeare, besonders als sein Förderer, besser studieren. In seiner Einleitung schreibt Kernan: «Unsere demokratische Zeit wird gegen eine teilweise Umwandlung von Shakespeare in einen Diener des Hofes und einen Nutznießer von Schirmherrschaft sein. Doch im Palast nimmt Shakespeare, dessen Wurzeln noch in öffentlichen Theatern gründen, wie die vieler anderer europäischer Hofdichter in der Renaissance, einen Platz unter den großen, unter Schirmherrschaft schreibenden Dichtern des Zeitalters ein

(...) In Hofzusammenhängen wird Shakespeares großartige Folge von Stuartdramen (...) zu einem der Meisterwerke der europäischen Patronatskunst.»[49]

Was dem Geist der Moderne eher fern steht, ist, dass diese Hofaufführungen zumindest gelegentlich kalendarische Bedeutung hatten. *König Lear* wurde zum Beispiel vor König Jakob am Stephanstag des Jahres 1606 aufgeführt. Das einzige Drama, das Jakob speziell zweimal zu sehen wünschte, war der *Kaufmann von Venedig*. Das Drama wurde zuerst 1605 am Sonntag vor Fasching aufgeführt. Jakob verlangte eine zweite Aufführung am Faschingsdienstag. Steve Sohmer hat zum einen den Grund dafür so erklärt, dass die Eröffnungsszenen des Dramas am Fastnachtsdienstag spielen und Episoden mit Faschingsverkleidungen enthalten. Sohmer, der ausführlich über dieses Thema geschrieben hat, kommentiert: «Diese Geste zeigt einen Aspekt von Jakobs Persönlichkeit, der sicherlich dem Hofe vertraut war: *Der König lebte bewusst mit dem Kalender.*»[50] (Hervorhebung RR.)

Sohmer beweist diese Behauptung mit Jakobs Verbindung zu George Buchanan und Tycho Brahe sowie mit Jakobs Reform des schottischen Kalenders im Jahre 1599. Die Tatsache, dass der König «bewusst mit dem Kalender lebte», kann uns auch in Verbindung mit einigen eigenartigen Zufällen auffallen, die wir im Zusammenhang mit König Jakob gefunden haben.

Es ist auch zu beachten, dass Shakespeare trotz allen Stoffs, den man als aufrührerisch ansehen könnte, trotz aller Zensur und trotz allen Verbotes von Theaterstücken die ganze Zeit über «unbehelligt» blieb: «In den 577 Fällen von *Scandalum Magnatum*, die während König Jakobs Regierungszeit im Star Chamber verfolgt wurden, erscheint nirgends der Name William Shakespeares.»[51]

7. Sieben Anekdoten über König Jakob

Mehr Arbeit in einer Stunde
«Er liebte lockeres Treiben und raue Vergnügungen, doch verlor er sich nie darin. Er liebte Diskussionen und theologische Haarspaltereien, doch hatte er zu jeder Zeit jenen Sinn für das im Augenblick Notwendige, der bei solch theoretisch ausgerichteten Geistern selten ist. Er liebte die Muße und das Vergnügen, doch wenn man ihn deswegen tadelte, antwortete er, dass er in einer Stunde mehr arbeite als andere an einem Tag, doch sein Körper sei zu schwach, um ohne Unterbrechung fortwährend zu arbeiten. Er fügte hinzu, dass er wie ein spanisches Pferdchen sei, das schnell sei, aber nicht durchhalten könne. In einem Anfall von Arbeitswut konnte er einem Mann zuhören, zu einem anderen sprechen und einen dritten beobachten. Manchmal konnte er fünf Dinge auf einmal tun.»[52]

Gegner versöhnen
Eine für einen unter dem Zwillingssternzeichen Geborenen typische salomonische Tat, die zwischen Gegnern oder sich bekriegenden Parteien Frieden stiften sollte, war das Friedensfest, das Jakob veranstaltete, als er einundzwanzig Jahre alt war (1587). Man könnte, wenn man wollte, sagen, dass er sich hierbei an die literarischen Beispiele von Bacon und Shakespeare angehängt hat. «Er bereitete in jenem Glück verheißenden Jahr ein Friedensfest vor. Die großen Familien Schottlands waren verfeindet und kämpften verbittert gegeneinander. Der König beschloss, diesem allem ein Ende zu setzen. Er versammelte all die feindseligen Lords in Holyrood (...), gab für sie ein großes Festmahl (...) und dann (...) hieß er sie, sich in einer Prozession aufzustellen, je zwei und zwei, fromm oder höhnisch oder verwirrt, *paarweise jeweils Hand in Hand mit dem schlimmsten Feind*. Der König begab sich zu ihnen herab und nahm seinen Platz an der Spitze des Ganzen ein. Der Zug schritt aus dem Palast die Highstreet von Edinburgh empor, an den die Straße säumenden,

erstaunt blickenden Bürgern vorbei, bis zum Marktkreuz. Dort (...) war ein Tisch aufgebaut ‹im Angesicht ihrer Feinde›. Öffentlich wurde die Einigkeit erklärt. Die Feinde tranken einander zu und der König ihnen allen.»[53] (Hervorhebung RR.)

Mit hängender Hose ...
Ein bizarrer Augenblick ergab sich bei einem der vielen Anschläge auf Jakob; der König kam halb angezogen aus der Toilette und sah sich in Lebensgefahr. Der Angriff in Holyrood House war in der Hauptsache von Jakobs Cousin, Francis Stuart, Earl of Bothwell und Countess Atholl, für die Nacht vom 23. Juli 1593 energisch und erfolgreich geplant worden.

«Um acht Uhr morgens war alles ohne Störung durchgezogen. Als die Angreifer, Pistole in der Hand, leise zu den Königsgemächern schlichen, hatten sie nochmals Glück (...) Jakob war gerade aufgestanden und hatte sich vor dem Ankleiden auf ‹einen stillen Ort› zurückgezogen. Deshalb erschien der König im Schlafgewand mit hängender Hose (...) Da stand vor ihm, mit dem Schwert in der einen, der Pistole in der andern Hand, der Mann, den er auf der ganzen Welt am wenigsten mochte, aber am meisten fürchtete.»[54]

(Das Letztere aus gutem Grund, denn bei den Hexenprozessen im Jahre 1590 hatte Jakob erfahren, dass ein in königliche Gewänder gehülltes Wachsbild von Person zu Person gereicht worden war und jeder dabei erklärte: «Dies ist König Jakob VI., dem bestimmt ist, auf Ansuchen eines Edelmannes, Francis Earl of Bothwell, ausgelöscht zu werden.»)

«Jetzt gab es nichts anderes zu tun, als sich der Situation so tapfer wie möglich zu stellen und das Beste zu hoffen. ‹Francis›, rief er aus, ‹du wirst mir nichts Übles antun wollen?› ‹Ah, mein Lieber›, war die Antwort von Francis (laut eigener Aussage), ‹du, der du verbreitet hast, dass ich dir nach dem Leben trachte (...) sieh (...) jetzt ist es so weit, dein Leben ist in meiner Hand.› Halb angekleidet, wie er war, antwortete Jakob, wie überliefert: ‹Wonach suchst du? Trachtest du nach meiner Seele? Du wirst sie nicht bekommen. So schlagt zu, wenn ihr es wagt, elende Verräter.»»[55]

Dem Tod immer ins Auge schauen
Ein Ereignis im Winter des Jahres 1603 muss nach den Vorstellungen aller normalen Sterblichen, die einen Bericht davon gehört haben – und auch nach unseren heutigen Vorstellungen –, einen *wirklich seltsamen Zug* des neuen Königs offenbaren. Eine Verschwörung war aufgedeckt worden, deren Ziel es war, den König zu ergreifen, um ihn abzusetzen oder ihn zu zwingen, religiöse Zugeständnisse zu machen. An einem Dezembermorgen wurden in Westminster drei der Verschwörer, Markham, Grey und Cobham, einer nach dem andern herausgeführt, um öffentlich auf dem Schafott enthauptet zu werden. Wie erzählt wird, war es «ein kalter und regnerischer Tag». Markham, der sich so gut er konnte, selbst auf das Sterben vorbereitet hatte, wurde mitgeteilt, dass er «zu schlecht vorbereitet sei» zum Sterben, und er wurde deshalb für zwei weitere Stunden zurückgeführt, um über den Tod nachzudenken. Grey wurde herausgeführt, aber als er sich nach ausgedehnten Vorbereitungen dem Henker zuwandte, teilte man ihm mit, dass Cobham in der Tat zuerst sterben sollte, und so wurde auch er wieder zurückgeführt. Cobham wurde herausgeführt, er sprach Gebete und hielt eine kurze Rede, ebenfalls um zu hören, dass er noch einmal mit seinen Mitverschwörern zusammenkommen solle. Markham und Grey wurden hergebracht, bestiegen das Schafott, und die drei Verschwörer sahen einander, laut zeitgenössischer Berichte, an wie Männer, die «bereits geköpft sich in der andern Welt begegnen». Ihre Verbrechen wurden nochmals vorgelesen, sie sahen ihre Schuld und die Berechtigung ihrer Strafe ein, und an diesem Punkte wurde ihnen die Begnadigung durch den König verkündet. Sie würden weiterhin gefangen gehalten, sollten aber nicht den Tod erleiden. Die Menge «jubelte wild», und in Charles Williams Worten heißt es dann: «Die Gefangenen wurden wieder ins Gefängnis abgeführt, und die schreckliche Zurschaustellung der Begnadigung war vorüber.»

Williams fügt noch hinzu: «Dies war der Plan des Königs; kein anderer hätte dies gewagt, und kein anderer wohl hätte es so zustande gebracht.»[56] Diese Geschichte wurde zu Recht als Quelle für das ebenso befremdliche Verhalten des Herzogs Vincentio in Shakespeares *Maß für Maß* betrachtet. Vincentio lässt fast jeden bedeutenderen Charakter an einem Punkt im Drama glauben, dass er jetzt des Todes sei. Erst wenn sie dies akzeptiert haben, wird ihnen das Leben geschenkt. So schrecklich diese Erfahrung auch erscheinen mag, wenn sie öffentlich am Schafott durchexerziert wird, John Donne nahm sie in seine regelmäßigen geistigen Übungen auf.

Drei Todesfälle
Es ist überraschend, dass anscheinend niemand die völlig verschiedene Weise kommentiert hat, wie Bacon und Shakepeare zu Tode gekommen sind. Einfach gesagt, starb Bacon an Kälte und Shakespeare an Hitze (Fieber). Folgendermaßen beschreibt Joseph Devey die oft erzählte Geschichte von Bacons tödlichem Gefrier-Experiment. «Als Bacon das Problem der keimabtötenden Mittel untersuchte, kam es ihm plötzlich in den Sinn, dass Schnee Fleisch vor dem Verderben bewahren könne, und er beschloss, das Experiment zu wagen. Eines frostigen Morgens (...) stieg er in Highgate aus und fing an, ein Huhn, das er in einer benachbarten Hütte gekauft hatte, mit Schnee, den er vom Boden aufraffte, vollzustopfen. Nach getanem Werk fühlte er in den Gliedern ein plötzliches Frösteln und musste sich ins nahe gelegene Haus des Earl of Arundel begeben (...) Eine Woche später starb er am Ostersonntag 1626.»[57]

Shakespeares Tod hatte eine etwas weniger wissenschaftliche Ursache. 1616, kurz nach Ostern, hatten laut gängigem Bericht «Shakespeare, Drayton und Ben Jonson ein fröhliches Treffen und tranken dabei zu viel, denn Shakespeare starb an einem Fieber, das er sich dabei zugezogen hatte.»[58]

König Jakob hatte mit beiden Arten von Experimenten eigene Erfahrungen gemacht.

In Jakobs Diensten befand sich ein holländischer Wissenschaftler namens Cornelis Drebbel (1572–1633). Drebbel experimentierte in seinem Labor (in Eltham) unter anderem mit Wettererscheinungen und künstlichem Ausbrüten. (Ein Besucher sagte, dass Drebbel «es regnen, blitzen und donnern lassen konnte (...) als ob es auf natürliche Weise vom Himmel käme», und dass er Eier ausbrüten konnte, «ohne dass Enten und Hühner um den Weg wären, sogar mitten im Winter».)

1520 stellte Drebbel dem König ein Unterseeboot vor, das drei Stunden lang unter dem Wasser der Themse verschwand und nach den Worten des holländischen Wissenschaftlers Huygens, der Zeuge war, «den König, seinen Hof und mehrere tausend Londoner in aufgeregter Erwartung hielt».

Ein anderes von Drebbels Experimenten steht in direkter Verbindung zu Bacons Frischhalteversuchen, und Bacon bezieht sich darauf in *De Augmentis*, wo er die jüngsten Experimente künstlichen Einfrierens erwähnt. Brian Vickers äußert sich in seinen Anmerkungen zu Bacons *New Atlantis*: «Er (Drebbel) gab vor König Jakob in der Great Hall von Westminster eine Demonstration von Instrumenten, die er erfunden hatte, um Luft zu gefrieren, und machte sie «so kalt, an einem Sommertag, dass der König und seine Edlen und viele hohe Lords zu fliehen gezwungen waren».[59]

Es gibt dagegen mehrere Beschreibungen, wie Jakob und sein Hof Experimente von der Art, die vermutlich zu Shakespeares Tod geführt hatten, sehr genossen.

Sir John Harington, der selbst «weit entfernt davon war, prüde zu sein», schrieb im Schock über die beim Englandbesuch des Königs von Dänemark veranstaltete Festlichkeit: «Die Unterhaltung begann jeden Tag auf solche Weise und auf solche Art, dass ich mich beinahe in Mohammeds Paradies wähnte. Wir hatten Frauen und auch Wein in solcher Fülle, dass sie jeden nüchternen Betrachter in Erstaunen versetzt haben würde. Unsere Feste waren prachtvoll, und die beiden königlichen Gäste umarmten einander liebevoll bei Tisch. Ich denke, dass der Däne auf unsere guten englischen Noblen eigenartig gewirkt hat, denn diejenigen, die ich nie dazu hatte bringen können, Alkohol zu probieren, folgen nun der Mode und wälzen sich in tierischem Vergnügen. Die Damen verlieren ihre Nüchternheit und kugeln sich im Rausche.»[60]

Harington beschrieb auch ein großartiges Fest während dieses Besuchs, «wo eine Szene von Salomo, seinem Tempel und dem Besuch der Königin von Saba dargestellt wurde (oder eher, wo beabsichtigt wurde, dieses vor den Majestäten darzustellen»).

Als karikiertes Bild von König Salomo und der Königin von Saba am Hof von König Jakob ist es wert, in einiger Ausführlichkeit zitiert zu werden: «Die Dame, die die Rolle der Königin [von Saba] spielte, brachte die wertvollsten Geschenke für die beiden Majestäten; doch da sie die Stufen übersah, die zum erhöhten Sitz führten, schüttete sie die Behältnisse in den Schoß der dänischen Majestät und fiel zu ihren Füßen, obwohl ich eher denke, in sein Gesicht (...) Seine Majestät [von Dänemark] erhob sich daraufhin und wollte mit der Königin von Saba tanzen; doch er stolperte vor ihre Füße und wurde deshalb in ein Zimmer getragen und auf ein Staatsbett gelegt. Dieses wurde nicht wenig verunreinigt durch die Geschenke der Königin, die auf seinen Gewändern gelandet waren, wie Wein, Sahne, Gelee, Getränke, Kuchen, Gewürze und andere gute Sachen. Die Vorstellung ging weiter, und die meisten Darsteller gingen rückwärts oder stürzten, denn der Wein benebelte ihre Sinne. Jetzt erschienen prächtig angetan die Hoffnung, der Glaube und die Nächstenliebe. Die Hoffnung versuchte stark zu sprechen, doch der Wein ließ ihre Anstrengungen so schwach erscheinen, dass sie sich zurückzog und hoffte, der König würde ihren kurzen Auftritt verzeihen. Der Glaube stand so ganz alleine da, denn ich bin sicher, es begleiteten ihn keine guten Taten und er verließ den Hof in strauchelndem Zustand. Die Nächstenliebe warf sich zu des Königs Füßen und schien die Vielzahl der Sünden, die ihre Geschwister begangen hatten, zu überdecken (...) Sie wandte sich dann der Hoffnung und dem Glauben zu, denen es beiden schlecht ging und die sich in dem unteren Saal erbrochen hatten.»[61]

In Bacons *New Atlantis* wird König Solamona als mit einem «großen und unergründlich guten Herzen» dargestellt. Bacon bezieht sich natürlich auf die «Großherzigkeit» des biblischen König Salomo. Als König Jakob 1625 starb und seziert wurde, fand der Arzt, wie Jakob es sich gewünscht hätte, «ein Herz von außergewöhnlicher Größe, alle Eingeweide gesund und auch der Kopf gesund und mit großem Gehirn. Sein Blut war von der wunderbaren Farbe des Melancholikers, und vermutlich wurde sein Tod durch Zersetzung des Blutes herbeigeführt.»[62]

Siebtes Kapitel

Shakespeare – der «Chormeister»

Psalm 46: ein eigenartiger Zufall

Ganz zu Beginn seines Buches *Who Wrote Shakespeare?* weist John Mitchell auf den «eigenartigen Zufall» in der Übersetzung des 46. Psalms in der König-Jakob-Bibel hin. Auch wir werden jetzt am Schluss dieses Buches jenes große, ungelöste Rätsel in der Debatte über die Autorschaft Shakespeares angehen.
Der Zufall ist folgender: Im 46. Psalm ist das 46. Wort nach dem Beginn das Wort «shake» und das 46. Wort vor dem Ende «speare».[1] (Dies stimmt aber nur für die Psalmübersetzung in der König-Jakob-Bibel, siehe Abbildung 19.)
John Mitchell schreibt dazu: «Entweder ist es eine erstaunliche Zufallslaune oder es lässt auf wagemutiges Geschick einer hochstehenden Persönlichkeit zur Zeit von König Jakob schließen, auf eine Person, die einen Überblick über die Zusammenstellung der autorisierten Fassung der englischen Bibel hatte und die auch um das Geheimnis der Werke Shakespeares wusste.»
Wenn es keine «erstaunliche Zufallslaune» ist, kommt meiner Meinung nach *am ehesten* König Jakob selbst als Urheber in Frage.
Es würde vermutlich wirklich niemand in Frage stellen, ob er «eine hochstehende Persönlichkeit zur Zeit von König Jakob» gewesen sei, noch dass er jemand gewesen sei, der «einen Überblick über die Zusammenstellung der autorisierten Fassung der englischen Bibel» hatte. Mitchell beschreibt, welchen Prozess die Übersetzung selbst durchlaufen musste. Zuerst wurde sie «von einer Gruppe der weisesten Kirchengelehrten des Königreichs erarbeitet (...) Ihre Arbeit wurde zur Begutachtung Bischöfen und führenden Theologen, dann dem Privy Council und *schließlich dem König selbst vorgelegt.*» (Hervorhebung RR.)

Im Hinblick auf Mitchells Aussage, dass derjenige, der hinter dem Geheimnis jenes Zahlenspiels stand, auch «um das Geheimnis der Werke Shakespeares wusste», wollen wir zunächst ins Auge fassen, was in und um diesen Psalm sonst noch gefunden werden kann.

Mitchell hält fest, dass die König-Jakob-Bibel im Jahre 1610, im 46. Lebensjahr Shakespeares, abgeschlossen war. Erst 1611 wurde sie herausgegeben, als Shakespeare 47 und König Jakob 45 Jahre alt war. Ich bin nicht sicher, ob das Bedeutungsvolle die Zahl 46 ist. 46 ist zweimal 23 – und 23 war eine wichtige Zahl für König Jakob und auch für Shakespeare.

Shakespeare wurde am 23. April, dem St.-Georgs-Tag, geboren und starb auch an diesem Tag. Shakespeares erstes Folio wurde 1623 veröffentlicht. Auch in den Dramen finden sich Hinweise auf diese Zahl. So hat Hamlet den Narren Yorrick zum letzten Mal 23 Jahre vor seiner Entdeckung von dessen Schädel gesehen. Die zwei Söhne von Cymbeline sind 22 und 23 Jahre alt. König Jakob VI. schiffte sich im Alter von 23 Jahren, am Abend des 22. Oktober 1589, nach Dänemark ein, um seine Braut zu besuchen. Er heiratete am 23. November. Er traf Tycho de Brahe am 20. 3. 1590. Als Jakob 46 Jahre alt war, starb sein Sohn, Prinz Heinrich, und fand die zweite, äußerst wichtige Heirat seines Lebens statt, zwischen seiner Tochter Prinzessin Elisabeth und Friedrich von Böhmen.[2] Die Bedeutung des 46. Psalms als zweimal 23 wird auch dadurch unterstrichen, dass der 23. Psalm sehr herausragend ist: «Der Herr ist mein Hirte, mir wird nichts mangeln.»

Shakespeares Name erscheint im Psalm auch *zweimal* – oder in zwei Hälften – und *der von König Jakob ebenfalls*. Auch ist Psalm 46 der einzige in den ersten hundert Psalmen, in dem der Name *Jakob* (James) *zweimal* vorkommt. (Er kommt sonst meines Wissens nur noch im 114. und 132. Psalm vor.) Außerdem haben wir schon bemerkt – «der König lebte bewusst mit dem Kalender» –, dass Jakob das Wesen der Zahlen nicht fremd war.

Ein Brief von König Jakob an Robert Cecil zeigt sowohl sein Interesse an den Zahlen und die bewusste Art, sich mit dem biblischen Jakob in Zusammenhang zu bringen: «Billigerweise darf ich sagen, dass der Name Jakob ein prophetisches Geheimnis meines Schicksals birgt, denn ich rang als Jakob I. am 5. August mit meinen Armen um mein Leben und siegte; am 5. November rang und siegte ich mit meinem Verstand.»[3]

Doch mehr noch: Psalm 46 gehört zu einer Gruppe von Psalmen, die an den «Chormeister» von König David gerichtet sind. Die Anfangsworte von Psalm 45 über die Beziehung des ersten Hofdichters zum König müssen beim König gewiss eine Saite angeschlagen haben:

«Meinem Herzen entströmet festlicher Sang:
ich weihe mein Lied meinem König. Meine Zunge eilet dahin,
schnell wie der Griffel des Schreibers.»[4]

Es ist dies ferner nicht das einzige Mal, dass ein Buch König Jakobs Shakespeare und Jakob so eng nebeneinander stellte. Der Vers beim Bildnis Jakobs auf der Titelseite seiner Werke (1616) ist immer Shakespeare zugeschrieben worden (siehe Bild 15).

Wenden wir uns nochmals dem letzten von Mitchell vorgebrachten Kriterium zu, dass die Person, die für das Hineingeheimnissen von Shakespeares Namen in den 46. Psalm verantwortlich ist, «auch um das Geheimnis der Werke Shakespeares wusste».

Wenn wir Jakob selbst als die Person ansehen, die «shakespeare» in den 46. Psalm hereingenommen hat, heißt die Botschaft nicht etwa, wie viele spekuliert haben, dass Shakespeare oder Shakespeare-alias-Bacon die König-Jakob-Bibel übersetzt habe. Eine solche Botschaft kann ohnehin nicht in die Einfügung des Namens hineingelesen werden. Die Botschaft heißt vielmehr – und so viel anderes deutet ebenso darauf hin, im Psalm als auch an anderen Orten –, dass Shakespeare als James'/Jakobs «Chormeister» betrachtet werden muss, dass sie sozusagen beide mit derselben Stimme sprechen.

Die Bedeutung des 46. Psalms würde dann darin liegen, dass er das persönliche Bekenntnis von Jakob zu diesem so bedeutsamen «Geheimnis von Shakespeares Werk» darstellt.

Ende und Anfang

Zum Schluss möchte ich den Weg, den wir gegangen sind, nochmals kurz nachzeichnen.

Zunächst fasste ich die Bedeutung von Shakespeares Leben als Schauspieler in der Diskussion über die Autorschaft seiner Dramen ins Auge. Dann befasste ich mich mit einigen wenig bekannten Bemerkungen Rudolf Steiners, der sagt, dass William Shakespeare und Francis Bacon von derselben Individualität inspiriert wurden. Sollte dies der Fall sein, so würde dies ganz offensichtlich ein faszinierendes Licht auf die wahre Beziehung zwischen Shakespeare und Bacon werfen.

Obwohl Steiner seine Bemerkungen vor ungefähr achtzig Jahren machte, hatte seither seltsamerweise niemand innerhalb der englischsprachigen Welt die Individualität identifiziert, die nach Steiner hinter diesen beiden Genies des künstlerischen und wissenschaftlichen Lebens Englands stand. Als ich Steiners Bemerkung genauer untersuchte, wurde klar, obschon in sehr überraschender Weise, auf wen er sich bezog. Beinahe noch überraschter war ich, als ich herausfand, dass sich im Leben und Werk Bacons und Shakespeares schlagende Beweise für Steiners Behauptung finden ließen.

Nachdem ich also die Differenz dieser Sichtweise zu der, dass *Bacon* Shakespeares Werk geschrieben habe, herausgearbeitet hatte, wandte ich mich der seltsam widersprüchlichen Gestalt Jakobs I. zu und außerdem der Frage, warum man von diesem als dem «Salomo Großbritanniens» spricht.

Dann untersuchte ich, im neuen Licht dieser Entdeckungen, noch einmal, was die Geschichte und historische Anekdoten über Jakob I. zu sagen hatten. Ich beschloss, mich dabei nicht auf eine Diskussion der vielen verschiedenen Standpunkte der Historiker und Biographen König Jakobs – ob negativ oder positiv – einzulassen, sondern versuchte, einen neuen Gesichtspunkt zu gewinnen. So stieß ich auf die in den Geschichtsbüchern verborgenen Spuren nicht nur der tiefgehendsten persönlichen Verbindungen zwischen Jakob und Bacon und Shakespeare, sondern auch vieler anderer bemerkenswerter Zusammenhänge, zum Beispiel eine tiefe Anteilnahme an allem, was hinter dem Globe Theatre lag.

Unterwegs stolperte ich gewissermaßen dann noch auf eine Lösung des faszinierenden Autorenrätsels von Psalm 46 – eine Lösung, die alle nötigen Kriterien in John Mitchells *Who Wrote Shakespeare?* völlig befriedigt. Hinsichtlich des Geheimnisses um die Autorschaft von Shakespeare müssen sich die Leser natürlich selbst entscheiden, aber Psalm 46 kommt einer schriftlich dokumentierten Aussage von König Jakob selbst dazu vielleicht näher als irgend etwas sonst.

Das Globe Theatre gab diesem Rätsel, in wohl unbeabsichtigter Weise, in einer Erziehungsbroschüre von 2003, zum 400. Jahrestag der Thronbesteigung Jakobs I. in England, einen ungewöhnlichen Ausdruck (siehe Tafel 20. Ich bin dem Shakespeare Globe für die Abdruckgenehmigung zu Dank verpflichtet.).

Dieses kleine Buch bietet somit Antworten auf einige ziemlich große Fragen. Seine Antworten öffnen aber das Tor zu neuen Fragekomplexen und neuen Entdeckungen. Und so möge es zugleich als ein Anfang aufgenommen werden.

Anmerkungen

Seitenangaben in englischsprachigen Quellen werden mit p. angegeben.
Alle Shakespeare-Zitate in der Übersetzung von Schlegel / Tieck / Baudissin.
Zitate aus dem Alten Testament nach der Jerusalemer Bibel.

Einführung

1 John Michells Buch *Who Wrote Shakespeare?* («Wer schrieb Shakespeare?») wurde auf dem Umschlag als «bis dato bester Überblick zur Autorschaftsdebatte» angepriesen.
2 Ibid., p. 257.
3 Ibid., p. 261.
4 Friedrich Hiebel hat über diese Frage in seinem Buch *Das Drama des Dramas* geschrieben; das Buch ist vergriffen.

Kapitel 1

1 John Southworth, *Shakespeare The Player, A Life in Theatre*. Erscheinungsort und -zeit, auch aller weiteren zitierten Werke, siehe in der Bibliographie.
2 Ibid., p. 10f.
3 P. 10.
4 P. 278f.
5 Harley Granville-Barker, *Prefaces to Shakespeare*, Bd. VI, p. 165f.
6 Dieses Zitat und die beiden folgenden stammen aus Notizen zu einem Vortrag von Rudolf Steiner an der Arbeiterbildungsschule in Berlin vom 6. Mai 1905, GA 51, S. 71 (Dornach 1983).
7 Ibid., S. 67 und S. 69. – Zwanzig Jahre später beschreibt Rudolf Steiner im Jahre 1922 in Stratford-upon-Avon an Shakespeares Geburtstag am 23. April die außerordentlichen geistigen Folgen von Shakespeares schöpferischer Tätigkeit. «Wenn man vergleicht dasjenige, was man drüben in der geistigen Welt hat mit dem, was man aus Shakespeare hinübergenommen hat, dann findet man das Eigentümliche: Shakespeares Gestalten leben! Indem man sie hinüberträgt, machen sie andere Handlungen; aber

das Leben, das sie hier haben, das bringt man hinüber in die geistige Welt; während, wenn man selbst von manchem modernen idealistischen Dichter die Gestalten hinüberbringt in die geistige Welt, sie sich wie hölzerne Puppen ausnehmen: sie sterben ab, sie haben keine Beweglichkeit. Man kann Shakespeare in die geistige Welt mitnehmen so wie keinen bekannten anderen Dichter der neueren Zeit. Man nimmt von Shakespeare aus solche Gestalten mit, welche sich drüben zu benehmen wissen. Die Gestalten vieler anderer Dichter aber, die aus bloßem Naturalismus kommen, sind Puppen drüben, sie werden dann eine An Erfrieren durchmachen; man erkältet selbst in der geistigen Welt an dieser modernen Dichtung. Das sage ich nicht aus einer Emotion heraus, aber aus Erfahrung heraus.» (GA 304)

Ein neues Buch über Shakespeares Charaktere von John O'Connor bezeugt dies schon in seinem Titel: *Shakespeares Afterlives – Ten Characters with a Life of their Own*. Der Autor sagt (auf dem Umschlag): «Die anscheinend unerschöpfliche Fähigkeit von [Shakespeares] Charakteren zur Neuschöpfung und Wiedergeburt.»

8 In seinem Buch *Romanticism comes of Age* schreibt Owen Barfield unter dem Titel «Die Form des Hamlet» über das Unbehagen, das man bei Shakespeare empfindet, «weil er nichts bedeuten will. Er hat nichts zu sagen. Seine Charaktere wissen, was sie bedeuten, und können dies in schönster Sprache zum Ausdruck bringen. Sie wissen auch, was sie wollen, haben Individualität. Ganz anders als der Autor. Er ist in der Tat ‹nicht ein Repräsentant der Menschheit, sondern der ganzen Menschheit Repräsentant›. Er existiert nicht außerhalb seiner Charaktere.»

In der Fabel von Jorge Luis Borges' *Everything and Nothing* macht Gott den berühmten Vergleich von Shakespeare mit ihm selbst, indem er ihn von Angesicht zu Angesicht anspricht als «mein Shakespeare (...) der, wie ich, viele ist und kein Bestimmter.» Rudolf Steiner sprach auf Grund seiner geisteswissenschaftlichen Forschung über die früheren Inkarnationen vieler historischer Persönlichkeiten, doch nie im Zusammenhang mit Shakespeare. In Bezug auf eine seiner Gestalten, nämlich Hamlet, tat er das sehr wohl (*Das Markus-Evangelium*, 1. Vortrag, GA 139). Dies erscheint dem Rätsel von Shakespeares Dasein gegenüber völlig angemessen.

9 Southworth, op.cit., S. 9.

Kapitel 2

1 Rudolf Steiner, *Geschichtliche Symptomatologie*, Vorträge vom 18. und 19. Oktober 1918. GA 185.
2 Siehe Anm. 1, 19. Okt. 1918. – Charles Williams (in *James I*, p. 50), der König Jakob im Alter von siebzehn Jahren beschreibt, gibt ein sprechendes Bild von diesem verborgenen Charakterzug: «Der König hatte eine Eigenheit, die weit über eine Gewohnheit hinausging, dass er nämlich den Schlüssel zu dem Kasten, in dem seine Papiere lagen, bei sich behielt. Bowes [ein englischer Agent in Schottland] beklagt deshalb: ‹Ich kann mir kein sicheres Bild von seinem Inhalt machen.› Er wurde stets verändert. Jakob verschloss den Kasten; er schloss den noch geheimeren Kasten seines Geistes – so war er, Jakob, das war ganz er.»
3 Siehe Anm. 1.
4 Rudolf Steiner: *Das Karma der Unwahrhaftigkeit*, Bd. I, 26.12.1916, GA 173.
5 Kurz danach teilt uns Steiner zum Beispiel mit, dass bis zur Renaissance «das Kommerzielle gerade noch unter den Impulsen aus der geistigen Welt stand», aber dass in der Wendezeit zur Moderne «das Kommerzielle (...) in ein (...) Okkultes hinübergezogen» wurde, «in dasjenige Okkulte, das geleitet wird von den sogenannten «Brüdern des Schattens», Vortrag vom 26.12.1916). Zu Jakobs Verbindung zu diesen westlichen ‹Bruderschaften› siehe auch Sergej Prokofieff: *Die geistigen Quellen Osteuropas*, Dornach 1990. (Prokofieff behandelt jedoch die ganz andersartige Seite von Jakobs Tätigkeit nicht.)
6 Rudolf Steiner: *Weltwesen und Ichheit*, 18.7.1916, GA 169.
7 Steiner beschreibt zwei Einseitigkeiten oder «Übel», die ständig ihre Macht auf uns ausüben. Das eine versucht uns einzig in den Bereich des Geistes zu ziehen, weg von aller irdischen Wirklichkeit, das andere versucht uns nur an irdische, materielle Realitäten zu binden. Steiner bezeichnet die erste Tendenz als «luziferisch», nach dem geistigen Wesen Luzifer aus der hebräischen Tradition, und die zweite als «ahrimanisch» nach dem geistigen Wesen Ahriman aus der persischen Tradition. Ahriman – oder Mammon – ist in unserer Zeit offensichtlich der Bedeutendere von beiden. Der Mensch ist herausgefordert das wahre Terrain zu finden, das diese beiden Einseitigkeiten im Gleichgewicht hält.
8 Siehe Anmerkung 7.
9 Rudolf Steiner: *Das Karma der Unwahrhaftigkeit*, Bd. 2, 15.1.1917, GA 174.

10 Die «fünfte nachatlantische Zeit» ist ein Begriff, den Steiner für die Moderne, in der wir leben, gebraucht, die im fünfzehnten Jahrhundert um die Zeit der Renaissance beginnt und mindestens bis zum Ende dieses Jahrtausends reichen wird.
11 Rudolf Steiner: *Das Karma der Unwahrhaftigkeit.* Bd. 1, Vortrag vom 26.12.1916, GA 173.
12 Diese und die folgenden Zitate aus dem *Karma der Unwahrhaftigkeit*, op. cit., Bd. 2, Vortrag vom 15.1.1917, S. 174ff.
13 Ganzes Zitat siehe S. 30, «Einer der größten (...)»
14 Siehe Anm. 13.
15 Rudolf Steiner: *Esoterische Betrachtungen karmischer Zusammenhänge*, Bd. 2, Vortrag vom 12.4.1924, GA 236, S. 35.
16 Rudolf Steiner: *Weltwesen und Ichheit*, Vortrag vom 18.7.1916, GA 169, S. 165.
17 Rudolf Steiner: *Gegenwärtiges und Vergangenes im Menschengeiste*, Vortrag vom 28.3.1916, GA 167, S. 64.
18 Rudolf Steiner: *Weltwesen und Ichheit*, Vortrag vom 11.7.1916, op. cit., S. 122.
19 Op.cit., Vortrag vom 18.7.1916. Diese beiden Hauptströmungen, von denen Steiner spricht, kommen im Jesuitismus und der Freimaurerei zum Ausdruck und werden durch Franz Suarez und Jakob I. vertreten.
20 *Geschichtliche Symptomatologie*, 18.10.1918, GA 185. – Die Renaissance – die als der Beginn des «modernen Zeitalters» und des Zeitalters der Naturwissenschaft angesehen wird – führte zu einem tief greifenden Wandel im menschlichen Bewusstsein und war paradoxerweise selbst das Ergebnis eines solchen. Shakespeare und Bacon sind beinahe archetypische Vertreter dieses Wandels, zu dem unter anderem eine größere Distanziertheit in der Wahrnehmung der Welt gehört, was zu einem intensiveren Sinn für die menschliche Individualität und für die physische Welt führt. Rudolf Steiner sagt, dass damals in der Menschheit eine neue Seelenfähigkeit heraufzuziehen begann, und bezeichnete sie als die «Bewusstseinsseele». Es gibt vielleicht kein großartigeres Porträt von diesem neuen Bewusstsein, als wir es bei Hamlet finden. (Eine bemerkenswerte und sensible Studie zu Hamlet in Bezug zur Bewusstseinsseele findet sich in Owen Barfields Essay «Die Form von Hamlet» in *Romanticism comes of Age*.)
21 Das einzige Mal, wo Steiner, soviel ich weiß, Jakob I. danach erwähnt, ist in einigen Bemerkungen, die er nach einem Vortrag von Graf Ludwig Polzer-Hoditz vom 23.6.1923 macht. Dabei sagt Steiner: «Der wahre

äußere Träger [der englischen Politik] ist König Jakob I.» Siehe Rudolf Steiner: *Soziale Ideen – soziale Wirklichkeit – soziale Praxis*. GA 337a.
22 Aus Rudolf Steiner: *Geistige und soziale Wandlungen in der Menschheitsentwickelung*, Vortrag vom 1.2.1920, GA 196. Es folgen eine Reihe von Zitaten aus diesem Vortrag.
23 Steiner fügt hinzu: «Es könnte also dieser extreme Fall eintreten, dass man nach Jahrhunderten die Memoiren irgendeiner Persönlichkeit entdeckte, in denen Dinge stehen, die nicht auf literarischem Wege verbreitet worden sind, und dennoch können in diesen Memoiren die charakteristischsten Ideen und Kräfte gerade dieser Zeit drinnen stehen.»
24 Albert Steffen: «Letzte Stunden bei Rudolf Steiner», im *Goetheanum*, 12. April 1925, S. 113. (Ich danke Johannes Kiersch für die Übersendung dieser Passage.)
25 «Das Neue Jahrhundert. Eine Tragödie von Otto Borngräber», *Magazin für Literatur*, 1900, 69, in: *Gesammelte Aufsätze zur Dramaturgie 1889–1900*, GA 29.
26 Jakob I. wurde am 19. Juni 1566 geboren und starb am 27. März 1625. Zufall oder nicht, Steiner erwähnte Jakob I. in einem Vortrag zum ersten Mal fast genau am selben Tag, und zwar am 28. März (1916).
27 Im *Karma der Unwahrhaftigkeit*, Bd. 1, und in dem Vortrag vom Oktober 1919. Selbst an diesen Stellen gibt es in Steiners Aussagen über Jakob Rätsel.
28 Eine Bezeichnung, die Studenten der Geisteswissenschaft Rudolf Steiners gegeben wurde, die er auch «Anthroposophie» nannte, was «Weisheit vom Menschen» bedeutet. Thomas Vaughan – der Zwillingsbruder des Dichters Henry Vaughan – war möglicherweise der erste, der dieses Wort benutzte, als er seine *Anthroposophia Theomagica* im Jahre 1650 herausgab.
29 M. Bennell und I. Wyatt in: *Shakespeare's Flowering of the Spirit*. Isabell Wyatt in: «James I» (Essay) in der *Christengemeinschaft*, Bd. IV, Nr. 9 und 10, September/Oktober 1950; K. König: «Darwin» (handschriftliche Aufzeichnungen für einen Vortrag, gehalten am 21.2.1952, Camphill Archiv); E. Lehrs: «Die rosenkreuzerischen Grundlagen des naturwissenschaftlichen Zeitalters» (Essay). Francis Edmunds hielt diese Anschauung meines Wissens nirgends schriftlich fest. Sein letztes Buch jedoch – *The Quest for Meaning* –, eine Studie über moderne Naturwissenschaft, vermeidet eine direkte Auseinandersetzung mit Francis Bacon, gerade weil Edmunds unsicher geworden war über Bacons Beziehung zu Christian Rosenkreutz. A.C. Harwood drückt sich in dieser Hinsicht auch nie

explizit aus, sondern lässt seine Auffassung in seiner Besprechung von Frances Yates' Werk *The Rosicrucian Enlightenment* einfließen. Er spricht von vielen Bezügen, die «Bacon mit dem Rosenkreuzerstrom verbinden» (*Anthroposophical Quarterly*, Bd. 18, Nr. 2, Sommer 1973, S. 46).

30 Rudolf Steiner: *Die Tempellegende*, Vortrag vom 4.11.1904, GA 93.

31 «Da ja die Wahrheit so liegt, dass in der Zeit, als Bacon, Shakespeare, Jakob Böhme und noch ein anderer gewirkt haben, *ein Eingeweihter da war, der eigentlich durch alle vier gesprochen hat.* Daher die Verwandtschaft, weil tatsächlich das auf *einen* Quell zurückgeht.» Siehe Anm. 15.

32 Die sehr spärlichen historischen Zeugnisse, die über den Grafen von St. Germain existieren, stammen aus den Jahren 1710–1822. (Isabel Cooper-Oakley: *The Count of St. Germain*, p. 27.)

33 Über Jakob Balde gibt es natürlich viel Literatur (siehe dazu: Jakob-Balde-Bibliographie auf www.klassphil.uni-muenchen.de/~strch/baldebib.htm), nur nicht in Großbritannien. Besonders verblüffend in Bezug auf unser Thema ist die Beschreibung eines Balde-Gedichtes, das in Form eines Akrostichons sagt: «Bevor ich dieses schrieb, schrieb ich jenseits des Ozeans. Das war, nachdem Shakespeare gestorben war.» Dies wird in Ludwig Kleebergs Buch *Wege und Worte – Erinnerungen an Rudolf Steiner aus Tagebüchern und Briefen*, Basel 1928, auf Seite159f. beschrieben. Dieses Buch enthält meines Wissens auch den ersten dokumentierten Hinweis auf Steiners Äußerungen über diese vierfache, gemeinsame Inspiration. Kleeberg erzählt, wie ihm Steiner 1907 gesagt habe: «Bacon und Shakespeare, wie auch Jakob Böhme und Jacobus Baldus seien von demselben Meister inspiriert.» (Den Hinweis auf diese Passage verdanke ich Harald Hamre.)

34 So sagt Rudolf Steiner am 6. Mai 1905 in seinem Berliner Vortrag «Die europäischen Mysterien und ihre Eingeweihten», in: *Wo und wie findet man den Geist?*, GA 57: «Tiefe Leistungen des Geisteslebens führen zurück auf das Rosenkreuzertum, von dem immer geheimnisvolle Fäden in die äußere Kultur hineinführen. So besteht zum Beispiel ein Zusammenhang zwischen der Niederschrift der *Nova Atlantis* von *Bacon von Verulam* und dem Rosenkreuzertum.» Frances Yates drückt sich ähnlich aus: «Unleugbar bestehen Einflüsse von der *Fama* auf die *New Atlantis*.» Dies besagt jedoch keineswegs, dass alle Werke Bacons auf einer direkten Inspiration durch Christian Rosenkreutz beruhten. Ich bin vielmehr der Ansicht, dass dies das Äußerste war, was Steiner über die Beziehung Bacons zum Rosenkreuzertum offenbaren konnte. Im Jahre 1901 hatte Marie von Sivers Steiner einen Artikel aus der Zeitschrift *The Theosophi-*

cal Review geschickt mit dem Titel «Reasons for Believing Francis Bacon a Rosicrucian» («Gründe, die für Francis Bacons Rosenkreuzertum sprechen»). Steiner hatte erwidert: «Der Artikel über Bacon ist sehr interessant (...) Ich habe aber das entschiedendste Gefühl, dass der Autor die Sache etwas leicht nimmt. Ich kann nämlich die Überzeugung nicht teilen, dass die Baconschen philosophischen Schriften einen esoterischen Sinn bergen. Und dies ist doch wohl notwendig, wenn man ihn als Rosenkreuzer behandeln will.» Aus: Rudolf Steiner/Marie Steiner von Sivers: *Briefwechsel und Dokumente, 1901–1925*, GA 262, Brief vom 13. April 1901.

35 So wie es in England die allgemeine Vermutung gibt, Steiner habe sich auf Rosenkreutz als der Gestalt hinter Bacon und Shakespeare bezogen, so gibt es auf dem Kontinent die nicht verbürgte Überlieferung, Rudolf Steiner soll einmal gesagt haben, dass Christian Rosenkreutz der «Fremde» gewesen sei, der Jakob Böhme in seiner Jugend besucht habe. Selbst wenn er das gewesen ist, gibt es keinen Beweis dafür, dass Rudolf Steiner dies je gesagt hat.

36 Im März 1916 bezeichnete Steiner Jakob als «eine Seele (...) die (...) weithin ungeheuer anregend wirkte». 1924 sagte er von dem «lästigen Patron», dass er «eine Individualität [war], von der ungeheure Kräfte ausgingen».

37 Peter Dawkins: *Francis Bacon, Herald of a New Age*, S. 51.

38 Rudolf Steiner: *Das Karma der Unwahrhaftigkeit*, Bd. 1, Vortrag vom 26. Dezember 1916, S. 311f.

39 Siehe dazu Frances Yates, *The Rosicrucian Enlightenment*, Chapter 1, «A Royal Wedding»; ebenso Joy Hancox, *Kingdom for a Stage, Magicians and Aristrocrats in Elizabethan Theatre*, p. 24.

40 Zum Beispiel Joy Hancox, ibid., Chapter 10, «Out of the Shadows».

41 Adrian Gilbert, *The New Jerusalem*, p. 48: «So sympathisierte die Gedankenrichtung, die der Baconianismus in England vertrat, nicht nur mit dem kontinentaleuropäischen Rosenkreuzertum, sondern war in vieler Hinsicht mit diesem identisch.» Frances Yates drückt sich in *The Rosicrucian Enlightenment* (p.180) in ähnlicher Weise aus: «Eine Bewegung, die (...) sich als Baconianismus in England, als Rosenkreuzertum in Deutschland entwickelte».

42 Frances Yates, *Theatre of the World*, p. 65f: «Jakob wird als «Ter Maximus» angesprochen, als Herrscher der Himmel und der Erden, ein leuchtender Strahl des göttlichen Lichts, dem die im Buch enthüllten Naturwahrheiten gewidmet sind, die einen Weg zu den Himmeln wie die Jakobsleiter

eröffnen und die übergeben werden dem Stellvertreter der Gottheit auf Erden, König Jakob.» Dies veranlasst Yates zu der Frage: «Was ermutigte Fludd zu dem Glauben, dass Jakob I. an seinem Werk *Utriusque Cosmi Historia* Interesse haben würde?» (Diese Frage wird im sechsten Kapitel ausführlicher behandelt.)
43 Gilbert, op.cit., p. 64.
44 Lomas, op.cit., p. 80.

Kapitel 3

1 *The Advancement of Learning*, ed. Steven Jay Gould, p. 5.
2 Ibid., p. 168.
3 Ibid., p. 4.
4 Dieses und das vorhergehende Zitat aus: Francis Bacon, *The New Organon*, ed. Jardine und Silverthorne, p. 4
5 P. Dawkins sieht Solamona als Bacon: «Bacon, der zweite Salomo, nennt seinen Tempel das Haus Salomos (...) begründet von ihm selbst in der Gestalt von Solamona (i.e. Salomo II)» (*Building Paradise*, p. 142). Adrian Gilbert sagt: «Der weise König Solamona (...) soll symbolisch für Jakob I. selbst stehen» (op.cit., p. 142). John Henry vertritt dieselbe Auffassung wie Gilbert: «Die Errichtung des Hauses Salomos war, wie man uns sagt, die hervorragendste Tat des weisesten Königs» (*Knowledge is Power – How magic, the Government and an Apocalyptic Vision inspired Francis Bacon to Create Modern Science*, p. 123). Dawkins sagt: «Bacon hoffte immer, König Jakob würde werden oder zumindest handeln wie Salomo, doch in Wirklichkeit bezog sich Jakob immer auf seinen Kanzler, Bacon, als auf seinen Salomo» (*Building Paradise*, p. 60). Für diese Auffassung finde ich keine andere Quelle.
6 Aus: Francis Bacon, *The Major Works*, p. 469ff.
7 Joseph Devey (ed.): *The Moral and Historical Works of Lord Bacon*, Einführung, p. XXIV.
8 Brief vom 8.10.1621.
9 Brief vom 21.4.1621.
10 Brief von Bacon an Jakob, 20.10.1620, zitiert in Lisa Jardines Einführung zu *The New Organon*, op.cit. S. XXVII.
11 Einführung zu *The New Organon*, p. XXVII.
12 Pudding (ed.): *Life and Letters of Francis Bacon*, Bd. 14, p. 327.
13 Ibid., Brief zum *Novum Organon*, 12.10.1620, p. 120.

14 Ibid., nicht abgesandter Brief an den König, 1621, p. 382.
15 Akt 4, Szene III, Zeile 156.
16 *Maß für Maß*, Einführung (Arden-Ausgabe), p. 50.
17 George Walton Williams: «Macbeth, King James' Play», *South Atlantic Review*, 4.2.1982.
18 Henry Paul: *The Royal Play of Macbeth*.
19 Siehe dazu Geodfrey Watson, *Bothwell and the Witches*.
20 Siehe *Macbeth*, Akt IV, Szene 1 und 4 – «die beiden Szenen, die sich am ehesten auf König Jakob beziehen lassen». (Muriel Bradbook, «Origins of Macbeth», *MacMillan Casebook on Macbeth*, p. 243.)
21 Jane H. Jack: «Macbeth, King James and the Bible», *Journal of English Literary History*, pp. 173–193.
22 Ted Hughes: *Shakespeare and the Goddess of Complete Being*, p. 243.
23 *MacMillan Casebook on Macbeth*, ed. John Wain, p. 30.
24 Leah Marcus: «Cymbeline and the Unease of Topicality» in *Shakespeare and The Last Plays*, p. 136. – Der Sturm, das eines der Dramen war, das bei den Hochzeitsfeierlichkeiten der Prinzessin Elisabeth und Friedrich, dem künftigen König von Böhmen, aufgeführt wurde, hat gleichermaßen einen politischen Kommentar nach sich gezogen. Vieles davon bezieht sich auf das Maskenspiel innerhalb des Dramas, das die Verlobung des königlichen Paares, Miranda und Ferdinand, feiert. Dies führt dann auch zu Vergleichen zwischen Mirandas Vater Prospero und Elisabeths Vater König Jakob. David Bevington schreibt zum Beispiel («*The Tempest* and the Jacobean Court Mask» in Bevington and Holbrooke (ed.), *The Politics of the Stuart Court Mask*): «Insofern das Stück den Zuschauer zur Zeit Jakobs dazu animiert, die Rolle Jakobs als Monarch anhand von Prosperos Bild zu überdenken, ist das Porträt nicht durchgängig schmeichelhaft. Neuere kritische Charakterisierungen von Prospero – als duldsam und doch irritierend despotisch, als gelehrt und doch auf dumme Weise verantwortungslos im Hinblick auf die Öffentlichkeit, als Visionär des Friedens und doch als unpolitischer Herrscher – finden alle willkommene Parallelen in den heutigen historischen Diskussionen über Jakob.»
25 Alvin Kernan: *Shakespeare, The King's Playwright – Theatre in the Stuart Court, 1603–1613*.
26 Kernan wagt es sogar, im *Hamlet* eine äußere Verbindung anzudeuten, der vor 1603 geschrieben wurde. Niemand sonst hat meines Wissens von einer Verbindung mit Jakob *vor* seiner Ankunft in England gesprochen. Wenn wir dies tun wollen, müssen wir, denke ich, an einen *inne-*

ren Einfluss denken; oder man muss, wie dies Ted Hughes in *Shakespeare and the Goddess of Complete Being* versucht (obwohl nicht in Bezug auf Jakob), davon sprechen, dass Shakespeares Werk von seiner eigenen Zukunft her beeinflusst wurde, was zugegebenermaßen schwierig ist.
27 Philip C. McGuire: Shakespeare, the Jacobean Plays, p. 29.
28 Lepanto war der Ort einer heftigen Seeschlacht im Jahre 1571, in der die «Christliche Allianz» die Türken entscheidend geschlagen hat.
29 Kernan, op.cit. p. 61.
30 *Othello: eine Einführung*, Alvin B. Kernan (ed.): *Modern Shakespearean Criticism*, S. 359.
31 Die meisten Kommentare zu Shakespeares Werk, die ich in diesem Kapitel zitiert habe, zeigen meiner Auffassung nach schwerwiegende literaturkritische Unzulänglichkeiten. Sie wurden wegen ihrer Aussagen über die historische Verbindung zu Shakespeares und dem historischen Shakespeare-Kontext ausgewählt.

Kapitel 4

1 «Den vielen und mannigfaltigsten Lesern», erstes Folio, 1623. – W.B. Yeats berichtet von einem visionären Erlebnis, das jemand im Zusammenhang mit Shakespeare hatte, während dessen größter Schaffensperiode. Auch wenn wir es nur als poetisches Bild auffassen, so weckt es doch unsere Ehrfurcht und unser Erstaunen, indem es uns die *Intensität* von Shakespeares schöpferischem Leben vor Augen stellt: «Thomas Lake Harris, der halb-betrügerische amerikanische Visionär, sagte von Shakespeare: ‹Oft stand ihm das Haar zu Berge, und alles Leben wurde ihm zur Grabkammer mit deren Widerhall.›» W.B. Yeats: *A Vision*, p. 153.
2 Steiner schrieb im Jahre 1902 sein erstes spezifisch geisteswissenschaftliches Werk, *Das Christentum als mystische Tatsache* (GA 8).
3 Siehe das zweite Kapitel, darin auch Anm. 22.
4 Friedrich Hiebel war, soviel mir bekannt ist, der erste, der Jakob I. als den Eingeweihten nannte, auf den Steiner sich bezog. Er führt dies in seinem Buch *Das Drama des Dramas*, Teil 2, Kap. 3, 4 und 5 ausführlich aus. Kapitel 3 trägt die Überschrift: «Über Shakespeares Inspirationsquelle. König Jakob I.» Ich selbst entdeckte Hiebels Buch erst, nachdem ich darüber zu einem eigenen Urteil gekommen war. Ich bin froh, erst die eigenen Entdeckungen gemacht zu haben, war aber zugleich beglückt, dass es auch in Mitteleuropa jemanden gab, der so dezidiert zum Ausdruck

brachte, was ich mir als eigne Überzeugung erarbeitete. Rückblickend erweise ich deshalb Hiebels Werk alle gebührende Anerkennung.
5 Im vorliegenden Buch setzte ich mich bewusst nicht mit den Ansprüchen auseinander, die für andere vermutliche «Verfasser» von Shakespeare – zum Beispiel Edward de Vere (Earl of Oxford) oder Christopher Marlowe – geltend gemacht worden sind. Wie sehr die «Oxford-Vertreter» oder «Marlowe-Vertreter» meine Auffassung auch ablehnen mögen, jedermann wird zugeben müssen, dass sich die Hauptdiskussion in der Autorschaftsdebatte auf Francis Bacon konzentriert. Die erste öffentliche Konferenz der Shakespeare-Autorschafts-Gesellschaft hat dies, wie man sehen kann, schließlich bestätigt. Der Hauptredner, der William Shakespeares Seite vertrat, gab zu, dass er selbst nicht der Meinung sei, Shakespeare habe die Dramen verfasst; der Hauptredner für Marlowe beschrieb viele bemerkenswerte und faszinierende Verbindungslinien zwischen Marlowes und Shakespeares Werk, gab aber zu, dass er nicht ernsthaft sagen wolle, dass Marlowe Shakespeare geschrieben habe; der Hauptredner für den Earl of Oxford erfreute die Zuhörerschaft mit wunderbaren Geschichten über den Earl of Oxford und sagte, dass selbst wenn Oxford Shakespeare nicht geschrieben habe, man doch zugeben müsse, dass die Behauptung, er habe es getan, eine gute Geschichte abgebe. Dass Mary Sidney die Dramen geschrieben haben soll, bot vielleicht die vergnüglichste Darstellung, wobei vermutlich nicht zu viele wirklich glaubten, dass dies wahr sein könnte. Das Ergebnis war, dass nur der Vertreter von Francis Bacon (Peter Dawkins) ernsthaft und überzeugt an dessen wahre Autorschaft von Shakespeares Werk glaubte. Ähnliche Feststellungen finden sich, wie in der Einleitung beschrieben, am Ende von John Michells Buch *Who Wrote Shakespeare?*
6 Peter Dawkins: *Francis Bacon, Herald of the New Age*, p. 47.
7 Rudolf Steiner am 12. April 1924, in *Esoterische Betrachtungen karmischer Zusammenhänge*, GA 236, S. 35.
8 Vortrag vom 9. Oktober 1912, in: www.sirbacon.org.
9 Auf dem Titelblatt von Peter Dawkins Werk *Building Paradise, The Freemasonic and Rosicrucian Six Days Work*.
10 Gilbert, op. cit., p. 145.
11 Siehe Rudolf Steiners Aufsatz über die chymische Hochzeit in GA 35.
12 Nach Steiner ist eines der bedeutsamen Merkmale von Christian Rosenkreutz, dass er sehr selten auf dem *äußeren* Plan der Geschichte erscheint. Was in seinem Leben geschieht, ist deshalb nur ein paar ganz wenigen Individualitäten bekannt. Erst etwa hundert Jahre nach seinem

Tod werden diese Geschehnisse weiter bekannt; so tauchten Einzelheiten über das Leben von Christian Rosenkreutz, das 1484 endete, erst gegen 1604 allmählich auf.

13 Dawkins, *Francis Bacon, Herald of the New Age*, p. 51.
14 Gilbert, op. cit., p. 148.
15 Gilbert hat die Idee vielleicht von Dawkins übernommen. Er anerkennt Dawkins Ideen ohne Vorbehalt und sagt an anderer Stelle: «Viele glauben, dass er [Bacon] *die* Inspiration für die Schaffung des Mythus von Christian Rosenkreutz darstellte.» Op.cit., p. 148.
16 Dawkins, op.cit., p. 56.
17 Als dieser Satz niedergeschrieben wurde, war mir nicht bekannt, dass Dawkins des Glaubens war, Francis Bacon sei die Wiederverkörperung des Christian Rosenkreutz aus dem 14. Jahrhundert. (Siehe dazu die Fußnote am Ende des Kapitels.) Der Satz gilt immer noch, da Dawkins anscheinend kein Bewusstsein hat von der wahren Aktivität des Christian Rosenkreutz zur Zeit von Francis Bacon, die eben – auch wenn ich mich hiermit wiederhole – eine ganz andere war als die von Francis Bacon.
18 Eine ausgezeichnete und tiefgründige Studie über die Beziehung zwischen Shakespeares letzten Dramen und dem Rosenkreuzertum, besonders dem *Sturm* und der *Chymischen Hochzeit des Christian Rosenkreutz* bietet Jean O'Meara in *Prospero's Powers*.
19 Steiner berichtet, dass Christian Rosenkreutz im 15. Jahrhundert für die Mitteilung der Tempellegende bezüglich Hiram Abiff und dem salomonischen Tempelbau verantwortlich war, die später innerhalb der Freimaurerei eine solch zentrale Stelle einnahm: «Was von Christian Rosenkreutz gelehrt worden ist, konnte nicht vielen Menschen mitgeteilt werden, aber es wurde dann eingekleidet in eine Art von Mythus. Seit seiner ersten Begründung im Anfang des 15. Jahrhunderts ist dieser Mythus vielfach in Bruderschaften erzählt und interpretiert worden.» Aus: «Das Mysterium der Rosenkreuzer», Vortrag vom 4.11.1904, in Rudolf Steiner, *Die Tempellegende*, GA 93.
20 In dem Kapitel «Die Geburt und Adoption von Francis Bacon» schreibt Dawkins: «Doch wie steht es mit der Geburt von Francis, dem erstgeborenen Sohn von Königin Elisabeth und Lord Robert Dudley? Seine Geburt wie die Vermählung der Königin wurden sorgfältig und mit Macht verhüllt, und die Königin anerkannte Francis nie, ihren zweiten Sohn Robert ebenfalls nicht.» (Peter Dawkins: *Dedication to the Light*, F.B.R.T. *Journal*, Series 1, Vol. 3.) Auch Joy Hancox vertritt die Ansicht, dass

Francis Bacon das uneheliche Kind von Königin Elisabeth und Robert Dudley war. Siehe: *Kingdom for a Stage*, p. 195–209.

An anderer Stelle (*Building Paradise*, note 10, Kap. 7, p. 200) schreibt Dawkins: «Wenn Francis Bacon in Wahrheit der älteste und einzig lebende Sohn Königin Elisabeths wäre, wie die Beweislage zu ergeben scheint, dann würde Francis der legale englische Thronerbe gewesen sein, und nicht Jakob Stewart. Jakob könnte deshalb zu Recht Usurpator genannt werden.»

Bacon legte in Wirklichkeit jedoch großes Gewicht auf die Tatsache, dass in Jakobs Person der Thron von England und Schottland vereinigt wurden. Er schrieb in einem Brief: «Ihre Majestät, jetzt auch von England, verfügen über mehr Macht als irgendeiner Eurer Vorgänger. Ihre Majestät brachten England ein ganzes Königreich.» (Spedding ed.: *Life and Letters of Francis Bacon*, p. 22f., Vol. VII.)

Kurz nach Jakobs Ankunft in England schrieb Bacon eine ausführliche «Kürzere Abhandlung über die glückliche Vereinigung der Königreiche von England und Schottland. Ihrer Majestät privat gewidmet.» Er sagt darin: «Ihre Majestät ist der erste König, der die Ehre hatte, der Lapis angularis [der Eckstein] zu sein, diese beiden mächtigen und wehrhaften Nationen England und Schottland unter einer Herrschaft und Monarchie zu vereinen.»

Wäre Bacon tatsächlich König von England gewesen, wie Dawkins dies gewünscht hätte, wäre das, was Bacon als die «glückliche Vereinigung» betrachtete, wohl offensichtlich nicht zustande gekommen. Bacon war eindeutig nicht auch noch der rechtmäßige König von Schottland. Es ist gut zu wissen, dass auch Dawkins ausschweifende Behauptungen an Grenzen stoßen. Selbst Dawkins hat bis jetzt noch nicht behauptet, dass Bacon sowohl der Sohn von Elisabeth I. und von der schottischen Königin Maria gewesen sei.

21 Arthur Conan Doyle dagegen, der geborene Geschichtenerzähler, erklärte, nachdem er zum ersten Mal Bacons Dichtung gesehen hatte, mit Shakespeares eigener Stimme, dass sie uns den besten Beweis liefere, dass Bacon nicht Shakespeare geschrieben haben könne. Das Gedicht heißt «Shakespeare's Exposition» [‹Shakespeares Erklärung›]. Conan Doyle lässt darin Shakespeare, dem es im Grabe wegen Bacons Ansprüchen unwohl ist, auf diese Behauptungen reagieren:

> You prate about my learning. I would urge
> My want of learning rather as proof

That I am still myself. Have I not traced
A seaboard to Bohemia, and made
The cannons war a whole wide century
Before the first was forged? Think you, then,
That he, the everlearned Verulam,
Would have erred thus?
(...)
They say that they have found
A Script, wherein the writer tells my Lord
He is a secret poet. True enough!
But surely now that secret is o'erpast.
Have you not read his poems?
Know you not
That in our day a learned Chancellor
Might far better dispense unjustest law
Than be suspect of such frivolity
As lies in verse? Therefore his poetry
Was secret. Now that he is gone
'tis so no longer. You may read his verse,
And judge if mine be better or be worse: Read and
pronounce!

Mir fällt es schwer zu glauben, dass Bacon selbst dieses Urteil über seine Dichtung zurückgewiesen hätte. Er schrieb an Fulke Greville, als er ihm Ratschläge für dessen Studium gab: «Was die Wahl angeht, halte ich Geschichte für das Nützlichste, und fast hätte ich gesagt, das einzig Nützliche. Von Dichtern weiß ich keinen zu empfehlen, fest entschlossen, ihnen immer fremd zu bleiben.» (*Francis Bacon, The Major Works*, p. 105.) Bacon-Anhänger würden nun zweifellos sagen, dass er sich mit Absicht verberge, doch müssen sie sie sich meiner Ansicht nach ehrlich fragen, ob dies auch tatsächlich der Fall ist.

22 Siehe zweites Kapitel, Anmerkung 34.
23 Siehe Dawkins, *Francis Bacon, Herald of a New Age*, p. 52 und Anmerkung zu Bild 50, p. 10.
24 «Zusammen mit anderen großen Werken, verhüllt durch angenommene Namen wie Spenser, Marlowe etc.» (Dawkins, ibid., p. 98.)
25 Dawkins, *Francis Bacon, Herald of a New Age*, p. 59. Dawkins beschreibt dies als eine Ansicht «von bestimmter Seite», muss aber auch selbst klar als von jener bestimmten Seite kommend angesehen werden.

26 Dawkins, ibid., p. XIII.
27 Siehe die vielen Beispiele, die im dritten Kapitel für das Lob von Jakob durch Bacon angegeben wurden. Charles Williams verglich die Haltung jener, die beständig das Schlechte in Jakob sehen, mit der von Francis Bacon, der «durch täglichen Umgang an ihn gewöhnt (...) aus jenem phantastischem Kreis die erhabene und unbefleckte Gestalt des von Gott Erwählten, den Souverän und heiteren Prinzen der Gerechtigkeit und Weisheit, stets aufs Neue hervortreten sah.» (Charles Williams, *James I.*, p. 254.)
28 Gilbert, op.cit., p. 128.
29 Siehe Anmerkung 33, Kap. 2.
30 *The Rosicrucian Enlightenment*, p. 239 und p. 32.
31 Ibid., p. 221.
32 In *Kingdom for a Stage*, Kap. 9, versucht Hancox nachzuweisen, dass die *wirkliche* Absicht im Buch des deutschen Rosenkreuzer-Autors Theophilus Schweighardt *Speculum Sophicum Rhodo-Stauroticum* (Nach einer Notiz auf dem Titelblatt «An account of the Rosic. Fraternity» der Hinweis auf die geistige Vorreiterrolle von Francis Bacon war. Eine Ausnahme in Bezug auf diese Tendenz bei britischen Darstellungen über das Rosenkreuzertum ist Christopher McIntosh. Er widmet zum Beispiel ein Kapitel seines Buches *The Rosicrucians* der esoterischen Tradition in Deutschland. Er versucht auch einige der übertriebenen Aussagen, die über John Dee und Francis Bacon gemacht wurden, richtig zu stellen: «Ihre [Frances Yates'] Aussagen über Dees Rolle [im Rosenkreuzertum] erscheinen im Lichte neuerer Forschung als übertrieben.» (P. 29.) «Bacons Verbindung mit den Rosenkreuzern wird von gewissen Leuten in außerordentlicher Weise überschätzt.» (P. 40.)
33 Wir können mit Schmunzeln feststellen, dass die Tatsache, dass Jakob Böhme «die ganze Inspiration in die mitteleuropäische Seelensubstanz umsetzt», schon in seinem Namen angedeutet ist. Zu den mehr äußerlich sichtbaren Verbindungen von Jakob zu Böhmen siehe Kap. 6 – «Rudolf II.».
34 Wallace Murphy und Hopkins: *Rosslyn*, p. 196. (Das Dorf Roslin bei Edinburgh ist der Standort von Rosslyn Chapel.)
35 Dawkins, *Building Paradise*, p. 59. Bacon war laut Dawkins «ein Meister der Kabbala, und der ganze Plan seiner Great Instauration [etwa «Die große Erneuerung der Wissenschaften», Bezeichnung Bacons für das *Novum Organon*] ist entsprechend durchgestaltet» (ibid., p. 59).
Für eine kurze Beschreibung der Geschichte der Kabbala – auf Hebräisch «Kabbalah» – und ihren Einfluss auf das kulturelle Leben Englands,

zumindest seit dem 16. Jahrhundert, siehe Adrian Gilbert, *The New Jerusalem*, p. 200–206. Gilbert beschreibt die Kabbala als eine Studienmethode für die «Philosophia perennis», die mit der «ägyptischen Hermetik viel gemeinsam hat». Die «Philosophia perennis» und die antike Hermetik, die in England so stark gepflegt wurden, haben diesen selben Charakter des «alten Wissens, das über Generationen weitergegeben wurde».

36 Vortrag vom 28. 3. 1916, aus: *Gegenwärtiges und Vergangenes im Menschengeiste*, GA 167, S. 62.

37 «Über Wesen und Bedeutung von Goethes Schriften über organische Bildung», hrsg. von Rudolf Steiner in: *Goethes Naturwissenschaftliche Schriften*, GA 1a.

38 Vortrag vom 26. 10. 1917 in: *Der Sturz der Geister der Finsternis*, GA 177, S. 208f.

39 «Freimaurerei und Menschheitsentwickelung», Vortrag vom 23. 10. 1905 in: *Die Tempellegende und die Goldene Legende*, GA 93, S. 242.

40 Durch seine Verbindung mit «der ganzen übrigen europäischen Kultur» nimmt Jakob I. einen Charakter an, den Walter Johannes Stein als die wahre Rolle von König Arthur beschreibt: «Man darf sich König Artus nicht bloß als eine bestimmte Einzelpersönlichkeit vorstellen. In gewissem Sinne bedeutet Artus eine bestimmte Rangfolge. Artus und seine sonnenstrahlenden Ritter brachten als irdischen Abglanz der himmlischen Sternenordnung Gesetz und Ordnung überall hin.» («König Artus und das Ost-West Problem» in: *Der Tod Merlins*, Dornach 1984, S. 124f.)

Es ist jedoch wesentlich, dass wir verstehen, dass, was der Welt zu Beginn des 17. Jahrhunderts insbesondere durch die ungeheure Zusammenarbeit von William Shakespeare, Francis Bacon und Jakob Böhme gegeben worden ist, nicht einfach alle Zeit gültig ist, sondern sich entwickelt hat und dies auch weiterhin tun muss. So stellt Rudolf Steiner fest: Die «Richtung des Denkens, die Gesinnung des Denkens geht zurück auf den Beginn (...) der fünften nachatlantischen Periode», in der «ein Geist tonangebend war, lebte in dem, was Bacon leistete, was Shakespeare leistete, was sogar Jakob Böhme leistete. Das musste so kommen. Aber wir stehen heute (...) auf dem Punkte, dass das überwunden werden muss.» (Rudolf Steiner, *Weltwesen und Ichheit*, Vortrag vom 11. 7. 1916, GA 169.)

41 Im 20. Jahrhundert ist T. S. Eliot wohl ein ungewöhnliches Beispiel für diese Art von Zusammenarbeit. Als Herausgeber bei Faber und Faber veröffentlichte er das Buch von Ernst Lehrs, *Mensch und Materie* (Faber, 1951), eine eingehende Studie und ein Überblick über die Konsequenzen

von Goethes naturwissenschaftlichem Werk für die Naturwissenschaft. Eliot gab auch Bücher von Owen Barfield heraus, der, tief beeindruckt von Goethe und Rudolf Steiner, die wissenschaftlichen und philosophischen Fundamente der heutigen Kultur untersuchte. Siehe dazu *History in English Words* (Faber, 1926), *Poetic Diction* (Faber, 1928), *Saving the Appearances* (Faber, 1957, *Der Weg des Bewusstseins*, Aachen 1991), *Worlds Apart* (Faber, 1963). Eliot gab auch die Bücher von Charles Waterman heraus, der, von Steiners sozialen und politischen Einsichten nach dem Ersten Weltkrieg inspiriert, ein radikales Umdenken der englischen Gesellschaft nach dem Zweiten Weltkrieg forderte: *The Three Spheres* (Faber, 1946). Als Antwort auf C.P. Snows Diskussion über die «zwei Kulturen» der Kunst und der Wissenschaft und der wachsenden Kluft zwischen beiden schrieb Waterman auch *Towards a Third Culture* (Faber, 1961). Eliot selbst sagte in einem deutschen Radio-Interview: «Es scheint, als habe Goethe einen Kompass des Bewusstseins besessen, der denjenigen seiner Zeitgenossen des 19. Jahrhunderts weit übertraf. Rudolf Steiner hat diese Ansicht ausdrücklich vertreten, und das vertrete auch ich.» (NDR, 1957.)

42 *Consensus Design*, Christopher Day, Architectural Press, Oxford, 2003.

43 «Hätte ich nicht bei ihr [Margaret Colquhoun] gelernt, gäbe es keine Prozess-Methode und kein Buch», sagt Day und setzt in einer Fußnote hinzu: «Ihre Methode basierte auf Dr. Jochen Bockemühl (...) die Inspiration dazu geht zurück auf Rudolf Steiner und, vor diesem, auf Goethe.» (Christopher Day, *Consensus Design*, Zueignungen und p. 6.)

44 *Die geistigen Hintergründe des Ersten Weltkrieges*, Vortrag vom 12.3.1916, GA 174b.

45 Nachdem dieses Kapitel geschrieben worden war, entdeckte ich die Aussagen einer Anzahl führender britischer Theosophen bezüglich vermuteter früherer Inkarnationen von Francis Bacon, die auf andere Art zu zeigen versuchten, dass Bacon und Christian Rosenkreutz dieselbe Individualität seien. So sagte Annie Besant im Jahre 1912, dass der «Meister R» oder der «Meister Rákóczi» «bekannt [war] als der Graf von St. Germain in der Geschichte des 18. Jahrhunderts, als Bacon im 17. Jahrhundert, als Robertus der Mönch im 16., als Hunyadi János im 15., als Christian Rosenkreutz im 14. Jahrhundert – um nur einige seiner Inkarnationen zu nennen.»

C. W. Leadbeater wiederholte dies in einem Buch von 1925 (*The Masters and the Path*): «Der Meister Graf von St. Germain, bekannt in der Geschichte des 18. Jahrhunderts, den wir manchmal Meister Rákóczi (...) nennen, war Francis Bacon, Lord Verulam im 17. Jahrhundert, Robertus der Mönch im 16., Hunyadi János im 15., Christian Rosenkreutz im 14. und Roger Bacon im 13. Jahrhundert (...) Zeitlich weiter zurückliegend war er der große Neuplatoniker Proclus und davor St. Alban.»

Alice Bailey behauptet in ihrem Buch von 1922 *Initiation, Human and Solar* ebenfalls: «Der Meister, der sich besonders mit der künftigen Entwicklung von Rassenangelegenheiten in Europa und mit den geistigen Nebenerscheinungen in Amerika und Australien befasst, ist der Meister Rákóczi (...) er stand der Öffentlichkeit besonders vor Augen, als er der Graf von St. Germain war, und noch früher, als er Roger Bacon und später auch Francis Bacon war. Es ist interessant, sich zu vergegenwärtigen, dass als der Meister R., auf den inneren [geistigen] Ebenen, in die europäischen Angelegenheiten eingreift, sein Name als Francis Bacon in der Bacon-Shakespeare-Debatte vor das Auge der Öffentlichkeit tritt.» (Alles dies zitiert aus Dawkins, *The Master*, Part One.)

All dies steht im Widerspruch zu den Forschungen Rudolf Steiners (siehe «Die Mission des Christian Rosenkreutz, deren Charakter und Aufgabe», Vortrag vom 18. Dezember 1912 im *Esoterischen Christentum*, GA 130), der die so verborgene Tätigkeit von Christian Rosenkreutz zu Lebzeiten von Francis Bacon darstellt. Er war aller Wahrscheinlichkeit nach damals nicht unter dem Namen Christian Rosenkreutz bekannt, aber nach Steiner war er ohne jeden Zweifel eine völlig andere Persönlichkeit als Francis Bacon.

Rudolf Steiner, Annie Besant, C.W. Leadbeater und Alice Bailey sagen alle, dass der Graf von St. Germain eine Reinkarnation von Christian Rosenkreutz gewesen sei. Abgesehen von diesem einen Punkt unterscheiden sich Rudolf Steiners Aussagen von denen der drei letzteren radikal. Steiners Forschungen zeigen bei Christian Rosenkreutz respektive Francis Bacon einen ganz anderen spirituellen Hintergrund auf. Ohne näher darauf einzugehen – der Leser mag dies selbst weiter verfolgen –, lässt sich zumindest sagen, dass ein zentrales Moment in Steiners Bild, von dem bei Besant, Leadbeater und Bailey nicht die Rede ist, die intime Verbindung ist, in der Christian Rosenkreutz zur Inkarnation Christi steht, worauf schon sein Name deutet. Darauf weist auch die *Fama* hin, die Christian Rosenkreutz als «Granum pectori Jesui insitum» – als «Same, gepflanzt in Jesu Brust» bezeichnet.

Das von Besant, Leadbeater und Bailey gezeichnete Bild ist meiner Auffassung nach keineswegs eine wahre Inkarnationsfolge, trotz des wirklichen Zusammenhangs zwischen Christian Rosenkreutz und dem Grafen von St. Germain. Es gibt schlichtweg zu viele namentliche Verbindungen zu Bacon – St. Alban, Roger Bacon, Francis Bacon – und zu viele Engländer –, insgesamt vier, die drei Genannten und Robertus der Mönch, bei dem es sich vermutlich entweder um «Robertus Anglicus» oder um Robert of Chester handelt. Keiner von letzteren beiden lebte, was zu beachten ist, im 16. Jahrhundert. Der wahrscheinlichste Kandidat für Robertus könnte noch Robert of Chester (Castrensis) sein, dessen Werk im 16. Jahrhundert auftauchte, der aber im 12. Jahrhundert lebte. Robertus ist dafür berühmt, dass er das Werk von Morienus aus dem Arabischen ins Lateinische übersetzt hat. Morienus ist bekannt dafür, dass er den Kalifen Mu'awijah die Alchimie gelehrt hat und dadurch die Alchimie nach Arabien gebracht habe.

Am weitesten zurück geht diese Linie bezeichnenderweise auf St. Alban, der von den Freimaurern als Begründer der Freimaurerei in Anspruch genommen wird («der erste Großmeister, 287 n. Chr., St. Alban», laut der *Royal Masonic Cyclopaedia* zitiert in Dawkins, op.cit., p. 89). Die zeitlich folgende Beziehung ist die zum Neuplatoniker Proclus (412–485 n.Chr). Meiner Auffassung nach haben wir es hier mit der Kundgebung einer spirituell-kulturellen Abstammungslinie zu tun und nicht mit einer wirklich erkannten Inkarnationsreihe. Diese Linie beinhaltet darüber hinaus eine klare, politisch-geistige Absicht, und zwar die, nicht nur Christian Rosenkreutz, sondern auch den Grafen von St. Germain in die Sphäre Bacons (von St. Alban über Roger Bacon zu Francis Bacon), die Sphäre des Freimaurerischen und des Britischen zu ziehen. In Alice Baileys Schlusssatz kann man sogar einen kurzen Blick auf die Rolle erhaschen, die in all dem der sich «vor dem Auge der Öffentlichkeit» vollziehende scheinbar harmlose «Bacon-Shakespeare-Streit» «vor dem Auge der Öffentlichkeit» spielt.

Kapitel 5

1 Williams, *Great Britain's Solomon*, zitiert in: Alan Stewart, *The Cradle King, A Life of James VI and I.*
2 Ein Großteil von Williams' Predigt wird in Caroline Bingham, *James I of England*, angeführt. Das Folgende sind kürzere Auszüge: «Von König Salomo wird gesagt, dass er unigenitus coram matre sua, der einzige Sohn seiner Mutter gewesen sei. Das war König Jakob ebenfalls. Salomo war ein Kind-König, puer parvulus, ein kleines Kind. König Jakob ebenfalls, ein König mit 13 Monaten. Salomo wurde zweimal zum König ge-

krönt und gesalbt. König Jakob ebenfalls. Salomo übertraf alle Fürsten des Ostens an Gelehrsamkeit. König Jakob übertraf ebenfalls alle Prinzen der Welt. Salomo schrieb Prosa und Gedichte. Unser unübertroffener Souverän König Jakob auf eine sehr reine und exquisite Art ebenfalls (...) Schließlich starb König Salomo in Frieden, als er sechzig Jahre gelebt hatte, und noch vor irgendeiner widrigen Tat, von der man in der Geschichte lesen könnte (...) und König Jakob, wie bekannt, ebenfalls.»

3 *The Cradle King*, p. 52. Etwas Ähnliches trug sich 1603 bei der Ankunft von Jakob in England zu. Nicht Salomo wurde ihm vorgespielt, sondern eine Szene, wo drei Hexen ihm erklärten, dass er der Nachkomme von Banquo sei. Dieses Ereignis ist eine der Quellen für *Macbeth*.

4 Abgesehen von solchen Scherzen genoss Jakob den Vergleich zweifellos, ja ermunterte sogar dazu, wie das Deckblatt zu seinem Werken zeigt. Man hat ihn deshalb einen «selbst-stilisierten König Salomo» genannt, obwohl der Vergleich ganz sicher nicht nur auf eigenes Betreiben hin geschah. In seinen Gedanken über das Vaterunser schreibt Jakob: «Ich weiß nicht, durch welches gute Geschick meinem Titel der Zusatz PACIFICUS beigefügt wurde, doch schäme ich mich dieses Zusatzes nicht: Denn König *Salomo* war eine CHRISTUS-Gestalt, insofern er ein Friedenskönig war» (zitiert in Roy Strong, *Britannia Triumphans*, p. 55).

5 Siehe Kapitel 3, Fußnote 5.

6 1. Buch Könige 6, 16–18, KJB deutsch: 1. Könige 6, 12.

7 1. Buch Könige 6, 20 (in der deutschen Ausgabe der King James Bible: 1. Buch Könige 6, 13).

8 Crowns have their compass; length of days their date;
Triumphs, their tombs; felicity, her fate.
Of more than earth can earth make none partaker,
But knowledge makes the king most like his maker.

Diese Zeilen tragen den Stempel von vielen der Shakespeareschen Sonette. Stanley Wells und Gary Taylor, die beschreiben, dass diese Zeilen zum ersten Mal ohne Nennung des Dichters auf dem Deckblatt erschienen seien, sagen: «Man schreibt sie Shakespeare zu (...) Zumindest in zwei Manuskripten des 17. Jahrhunderts; dieselbe Zuordnung wurde auch auf einem gedruckten Blatt angegeben, das aber jetzt anscheinend verschollen ist.» William Shakespeare, *The Complete Works*, ed. Wells and Taylor, p. 778.

9 Charles Williams, *James I*, Arthur Barker, p. 24.

10 William McElwee, *The Wisest Fool in Christendom*, p. 39.

11 Frances Yates, *The Theatre of the World*, p. 67.
12 Dieses und das vorhergehende Zitat: Frances Yates, *Giordano Bruno and the Hermetic Tradition*, S. 399.
13 Zitiert in: Alan F. Wescott (ed.), *New Poems of James I of England*, Introduction, p. I XIV.
14 *The Advancement of Learning*, 1. Buch, zweiter Abschnitt.
15 Jakobs Schriften sind unter anderem: *Basilikon Doron* (3 Bde.); *Daemonology* (3 Bde.); *The Trew Law of Free Monarchies*; *An Apology for the Oath of Allegiance* (*Premonition to all Christian Monarchs*); *Counter Blaste to Tobacco*; *A Paraphrase of the Book of Revelations*; *A Meditation On a Passage from Revelations*; *A Meditation on a Passage from Chronicles*; *A Meditation on a Passage from St. Matthew*; *A Meditation on the Lord's Prayer*; *A Mask* – von Jakob verfasst und von ihm im Jahre 1588 anlässlich der Hochzeit seines Mündels, der Tochter von Lennox, mit dem Earl of Huntley, aufgeführt; zwei Bände von *Collected Poetry and Translations* (zum Beispiel Übersetzungen von Psalmen).
16 Rudolf Steiner, *Die Tempellegende und die Goldene Legende*, Vortrag vom 4.11.1904, GA 93, S. 58.
17 Roy Strong, *Britannia Triumphans*, p. 55ff.
18 Ob die Pläne für den Whitehall-Palast *wirklich* Ähnlichkeit mit den ursprünglichen salomonischen Gebäuden in Jerusalem hatten, ist nicht die Hauptsache. Strong zeigt genaue Nachbildungen in Whitehall-Gebäuden, die man für Wiedergaben des Salomonischen Tempels *hielt*. Ein Palast ist jedoch keineswegs vergleichbar mit Salomons Tempel. Emil Bock schreibt, wie «das Herzstück der salomonischen Großtaten (...) das prächtige Gebäude war, das sich in Jerusalem erhob». Doch macht er deutlich, dass die sichtbare Pracht «hauptsächlich die Palastanlagen waren, die den an sich selbst unspektakulären Tempel umgaben» (*Könige und Propheten*, S. 134ff.).
19 Lomas bezeichnet William Schaw als «den Gründervater der Freimaurerei», doch stand Schaw nach Lomas im Dienste von König Jakob. (Lomas, *The Invisible College*, p. 91.)
20 FBRT Website: Seite des Miniaturporträts Bacons von Nicholas Hilliard.
21 Bock, op.cit., S. 158.
22 1. Buch Könige 7, 21f.
23 www.fbrt.org.uk(aims)
24 1 Könige 9, 3 NB.
25 1 Könige 9, 6–8.
26 1 Könige 11, 11–13.

27 Obwohl diejenigen, die hohe geistige Ansprüche für Bacon vertreten, meine Aussagen ablehnen oder beschimpfen werden, tun sie das in einem andern Sinne wiederum gar nicht. Wenn man nur an Francis Bacon denkt, ohne Bezug zu William Shakespeare oder zu Christian Rosenkreutz, kann man weder den Einfluss seiner Schriften auf den wissenschaftlichen Materialismus noch seine bedeutende Rolle in der Politik und der Freimaurerei verneinen. In Bezug auf Letztere haben die Bacon-Anhänger natürlich als erste Bacons entsprechenden Einfluss aufgezeigt. Sie sehen jedoch nichts Negatives darin. Indem sie nun aber auf ihre Weise auch Shakespeare und das Rosenkreuzertum einvernehmen wollen und auf beide viele ihrer Behauptungen gründen, geben die Bacon-Anhänger in meinen Augen stillschweigend zu, dass, was Bacons *eigenen Werken* zu finden ist, offenbar unzulänglich oder sogar unfruchtbar ist.
28 Der Fall Blavatsky bietet eine deutliche Analogie zu dieser Zwiespältigkeit von Jakob. Laut Rudolf Steiner kann der frühere Teil ihres Werkes (zum Beispiel *Die entschleierte Isis*) mit Christian Rosenkreutz als in engstem Einklang stehend, ja geradezu als von ihm inspiriert betrachtet werden; wohingegen sich an anderen Teilen oft ein krasser Gegensatz zu wahrem Rosenkreuzertum zeigt. (Siehe dazu Rudolf Steiner, *Briefwechsel und Dokumente* , 2. Aufl. 2002, GA 262, S. 24f.)
29 Siehe: V. Sease und M. Schmidt-Brabant, *Alte und neue Mysterien. Geheimnisse des Christentums*, Dornach 2002.
30 Rudolf Steiner: *Die Tempellegende*, S. 269.
31 12.10.1919, dritter Vortrag von drei, GA 191.

Kapitel 6

1 Übersetzung aus dem Lateinischen: RR.
2 Frances Yates, *The Rosicrucian Enlightenment*, p. 65ff.
3 J. W. Evans, *Rudolf II and his World, A Study in intellectual History*, 1576–1602, p. 81. Diesem Werk entstammen auch die weiteren Zitate in diesem Abschnitt.
4 Frances Yates: *Theatre of the World*, 1987, p. 65ff.
5 Ibid., S. 67.
6 Joscelyn Godwin, *Robert Fludd, Hermetic Philosopher and Surveyor of Two Worlds*, p. 9
7 Robert C. Bald, *John Donne, A Life*, 1970.

8 Charles Williams, *James I*, Arthur Barker Ltd, 1934.
9 Siehe z.B.: Kristin Rygg, *Masked Mysteries Unmasked*. Es gibt viele faszinierende Einsichten über die Maskenspiele in Frances Yates' Werk, z.B. in dem Buch *The Theatre of the World*.
10 «Sehr große Geldsummen wurden für die Maskenspiele ausgegeben. Jakob I. stellte viertausend Pfund (eine enorme Summe in jenen Tagen) für eine Produktion im Jahre 1618 zur Verfügung.» (*Theatre of the World*, Yates, p. 85.)
11 R. J. Evans, *Rudolf II. and His World*, p. 189.
12 Aus Ben Jonson, *The Complete Masks*, Oberon, 1.220.
13 Über Fludds Freundschaft mit Paddy und Harvey siehe: Yates, *Theatre of the World*, p. 64.
14 Evans, p. 205.
15 Spedding (ed.), *Letters and Life of Francis Bacon*, Vol. 14, p. 312. Der folgende Kommentar von Bacon über «Paracelsus and the Alchemists» in Francis Bacon, *The Major Works*, p. 208.
16 Frances A. Yates, *The Art of Memory*, 1978, p. 310.
17 Frances A. Yates, *Giordano Bruno and the Hermetic Tradition*, Kap. 21, «After Hermes Trismegistos was dated», p. 398.
18 Op.cit., p. 399.
19 Robert Bald, *John Donne, A Life*, p. 283.
20 Yates stellt fest: «Ein vollständigerer Gegensatz als der durch diese beiden Werke dargestellte, die ganz nahe nacheinander veröffentlicht wurden und beide dem König von England gewidmet wurden, ist kaum vorstellbar» (ibid., p. 403). Was sich Yates nicht vorstellen kann, ist, dass dieser Gegensatz sich auch in König Jakob selbst befinden könnte, und so beschließt sie trotz aller anders lautenden Zeugnisse, dass Jakob gegen Fludd eingestellt gewesen sei.
21 Yates, *The Art of Memory*, S. 312.
22 *Advancement of Learning*, Buch 1, Abschnitt 2, veröffentlicht 1605 und 1623.
23 Yates, ibid., p. 69.
24 Joy Hancox, *The Byron Collection*, p. 254.
25 Über *Naometria*, siehe Yates, *The Rosicrucian Enlightenment*, p. 33ff.; über «die neuen Sterne» von 1604, von Kepler besprochen, ibid., p. 48.
26 Eine Charaktereigenschaft, die Antonia Fraser bemerkenswert fand: «Jakob zeigte ein segensreiches Geschick, andere zum Schreiben von neuen Projekten zu ermutigen.» Antonia Fraser, *King James*, p. 49.
27 Yates: *The Theatre of the World*, p. 177.

28 Op.cit., p. 185.
29 Yates ist in *The Art of Memory* (1966) von Jakob positiv angetan. Doch fängt sie in *Theatre of the World* (1969) an, Fragen aufzuwerfen. Als sie *The Rosicrucian Enlightenment* (1972) verfasst, ist ihr Bild von Jakob fast nur negativ. Dieser Wechsel in der Haltung spiegelt, ihrer eigenen Aussage nach, genau den Wandel wider, den die Anhänger des Protestantismus an den Tag legten, welche den Wahlkönig Friedrich mit so schlimmem Ausgang zum König von Böhmen machten. Die Aufgabe dieses Buches ist es, die nunmehr zum Standard gewordene Ansicht über Jakob einer dringend notwendigen Neubewertung zu unterwerfen.
30 Dieses und das vorherige Zitat, *The Art of Memory*, p. 352.
31 «Der Manuskriptschreiber in Stowe, der das Ende des [Globe]Theaters festhielt, sagt, dass der Wiederaufbau ‹größtenteils zu Lasten König Jakobs (...) ging›.» Zitiert in E.K. Chambers, *Elisabethan Stage*, Band 2, p. 423.
32 Ibid., p. 333f.
33 *The New Jerusalem*, p. 134.
34 Dies und das meiste der folgenden Informationen über die Erskine-Sammlung aus: I. McCallum, *History of Sir George Erskine ... And the Royal College of Physicians of Edinburgh*, www.rcpe.ac.uk/publications/articles/journal-32-3/paper-12.pdf).
35 Aus: «Database of Alchemical Manuscripts – Scottish Libraries», auf Adam McCleans Website: http://www.levity.com/alchemy/almss12.html
36 Die «Society at Hess» war mit dem Hof von Moritz von Hessen-Kassel (1572–1632) verbunden und wurde oft als Brennpunkt alchimistischer und rosenkreuzerischer Interessen angesehen. Man hat aber keine Nachweise über irgendeine derartige Person am Hofe von Moritz. Zu einem «Dr. Pellitius» (Polytius) in Wolfenbüttel wurden Hinweise gefunden, was die Vermutung nahelegte, dass eine Beziehung zum Herzog Julius von Braunschweig-Wolfenbüttel (1564–1613) bestand, von dem man sich durchaus vorstellen kann, dass er eine Beziehung zu König Jakob hatte. Er war eine führende Persönlichkeit seiner Zeit, kannte Tycho Brahe und pflegte engen Kontakt zu Rudolf II. in dessen letzten Lebensjahren. Man verglich ihn sogar mit Jakob und mit Rudolf II.: «Wie Rudolf, Bodin und König Jakob I. verband er [Braunschweig] umfassende geistige Einsichten mit dem tiefen Glauben an das Vorhandensein geistiger Wesen, und er war zu seiner Zeit einer der führenden Hexenverfolger.» (*Rudolf II and His World*, Evans p. 231.) Bevor er nach Prag zog (im Jahre 1607), hatte der Herzog von Braunschweig englische Schau-

spieler und Dichter nach Wolfenbüttel eingeladen; er war auch Giordano Bruno begegnet, der ihm zwei Bücher gewidmet hatte.

37 Kers Exemplar von Schweighardt trägt dasselbe Wasserzeichen wie Erskines Exemplar der *Fama* und *Confessio* – der beiden Rosenkreuzermanifeste (siehe: *English Rosicrucian Manifestos* von Adam McClean, vgl. auch Fußnote 34).

Die dritte alchimistische rosenkreuzerische Bibliothek der Zeit war die von David Lindsay, Earl of Balcarres (1585–1641). Edzell Castle in Angus, sein Zuhause, hatte einen «Planetengarten», über den Adam McLean schreibt: «Eine geschützte Platte über dem Eingang trägt das Datum 1604 (höchstwahrscheinlich die Grundsteinlegung), und wenn man sich daran erinnert, dass Jakob VI., der allergrößtes Interesse am Okkultismus hatte, den er in mancher Hinsicht auch förderte, im Jahre 1603 König des Vereinten Königreiches von England und Schottland wurde, dann sieht man, dass die Errichtung eines Mysterientempels nicht im luftleeren Raum stattfand, sondern Teil eines allgemeinen Wiederauflebens des Interesses an der Hermetik innerhalb der damaligen Gesellschaft war. Edzell war möglicherweise ein Schulungsort für hermetische und alchimistische Philosophie und vielleicht sogar ein Zentrum rosenkreuzerischer Tätigkeiten» (Adam McLean, «A Rosicrucian Alchemical Mystery Centre in Scotland», in *The Hermetic Journal*, Nr. 4, Summer, 1979, p. 10ff., zitiert in McIntosh, op.cit., p. 45f.). McIntosh dazu: «Daraus ergibt sich, dass Schottland in der frühen Entwicklung des Rosenkreuzertums eine wichtige, möglicherweise sogar eine Schlüsselrolle gespielt hat. Dies ist ein Forschungsbereich, in dem weitere Forschungen sicher lohnend wären.» (!)

38 Anthony Holden, *William Shakespeare*, p. 206.
39 William Shakespeare, *The Complete Works*, XLIV.
40 Bei dem ersten Treffen des «Shakespearean Authorship Trust» im Globe Theatre 2003 bat man die Sprecher ausdrücklich um ihre Stellungnahme zu diesem Ereignis, da die Aufführung von Richard II. Teil des Treffens war.
41 Kernan, p. 10.
42 Kernan, p. 10f.
43 Kernan, p. 11.
44 Kernan, p. 118.
45 Kernan, p. 118.
46 Carleton an Chamberlain, 7. Januar 1605, zitiert in Kernan, p. 68.
47 In einigen Versionen dieser Geschichte wird gesagt, dass William Herbert den König nach Wilton bringen sollte. Man sagte ihm: «Wir haben

den Mann Shakespeare bei uns», was offensichtlich die Nachricht war, die der König hören wollte. In anderen Versionen ist der König schon in Wilton, als Mary Sidney an ihren Sohn schreibt. Immer aber treffen sich letztendlich König Jakob, Shakespeare und William Herbert.
48 Anthony Holden, *William Shakespeare*, p. 209.
49 Kernan, XXII–XXIII. In seiner einfühlsamen und positiven Einführung zur Dichtung von König Jakob scheint Allan Wescott weit besser als Kernan über die tieferen Aspekte von Jakobs Schutzherrschaft Bescheid zu wissen; er scheint unsrer eigenen Position sehr nahe zu sein: «Shakespeares Position als Chefdramatiker der königlichen Schauspieltruppe, Bacons politische Förderung, Donnes Bevorzugung in der Kirche durch des Königs Einfluss und Jonsons Dienste als Verfasser von Maskenspielen zeugen weniger von Auszeichnungen für literarische Fähigkeiten als von den Beziehungen der wichtigsten Literaten und Dichter der Zeit mit dem Hof. Die allgemeine Frage der Schutzherrschaft durch den Hof unter der Regierung von Jakob ist zu kompliziert für eine kurze und beiläufige Behandlung.» *News Poems of James I of England*, p. LVII.
50 Steve Sohmer, *The Lunar Calendar of Shakespeares King Lear*, in: http://extra.shu.ac.uk/emls/05-2/sohmlear.htm
51 Kernan, p. 183.
52 Charles Williams, *James I*, p. 54.
53 Williams, op.cit., p. 89.
54 Williams, op.cit., p. 68.
55 Godfrey Watson, *Bothwell and the Witches*, p. 121f. Jakob überlebte dieses Zusammentreffen ganz offensichtlich, wie auch Bothwell.
56 Williams, op.cit., p. 183f.
57 Einführung zu Bacons *Essays and Historical Works*, Devey, p. XXVI.
58 Zitiert in Southwell, op.cit., p. 275.
59 Von Francis Bacon (ed. Brian Vickers): *The Major Works*, p. 787. Meine Informationen über Drebbel stammen alle von Vickers, der sich ausdrücklich auf den Aufsatz von Rosalie L. Colie, «Cornelis Drebbel and Salomon de Caus: Two Jacobean Models for Salomon's House» (*Huntington Library Quarterly*, 18, 1954) bezieht.
60 Zitiert in Kernan, op.cit., p. 73.
61 Zitiert in Williams, op.cit., p. 203f.
62 Zitiert in Williams, p. 297.

Kapitel 7

1 Das Schlusswort «Selah» ist ausgelassen; dieses Wort hat eine ähnliche Funktion wie «Amen».
2 Prinz Heinrich starb am 6. November 1612, und Prinzessin Elisabeth und Friedrich heirateten am 14. Februar 1613. Die Jahre als Jakob 23 und 46 war – 1589/90 und 1612/13 –, waren beides Mal von enormer Bedeutung in seiner Biographie. Ich bin Terry Boardman, der auf diese Zusammenhänge aufmerksam gemacht hat und der über dieses Thema schreiben sollte, sehr dankbar. Er macht zur Zahl 23 nähere Ausführungen in *Mapping the Millenium*, p. 174f.
3 Brief vom Oktober 1608, *Letters of King James*, ed. Akrigg. Der geheime Briefwechsel von Jakob mit Cecil und anderen Schotten vor seiner Thronbesteigung in England zeigt Jakobs Faszination mit Zahlen. Er unterzeichnete mit der Zahl «30», redete Cecil als die «10» an und benutzte andere Zahlen, um andere Menschen anzusprechen oder sich auf sie zu beziehen.
(Der 5. August bezieht sich das Gowrie Plot vom 5. August 1600: ein Attentat in Schottland, als der König noch Jakob VI. [von Schottland] war. Am 5. November 1605 wurde die Pulververschwörung aufgedeckt.)
4 Jerusalemer Bibel.

Bibliographie

Die Bibliographie umfasst alle Werke sowie auch alle Stücke Shakespeares, die im Haupttext angeführt werden. Hinweise auf kürzere Artikel oder Werke, die nicht auf Englisch erschienen sind, und Websites finden sich in den Anmerkungen.

Primärquellen

Shakespeare
Craig, Wj. (ed.), *The Complete Works of William Shakespeare*, Oxford, 1914.
Wells S. & Taylor G. (eds.), *William Shakespeare, The Complete Works*, Oxford, 1998.

Bacon
Devey, J. (ed.), *The Moral and Historical Works of Lord Bacon*, Henry Bohn, 1852.
Jardine, L. & Silverthorne, M. (eds.), *The New Organon*, OUP, 2000.
Gould, S.J. (ed.), *The Advancement of Learning*, Modern Library, 2001.
Spedding J. (ed.), *Works, Life and Letters of Francis Bacon*, Vols VII and XIV, London, 1857–1874.
Vickers, B. (ed.), Francis Bacon, *The Major Works*, Oxford World's Classics, 2002.

James I
King James I, *Workes*, London, 1616.
King James Bible, London, 1611.
Akrigg, G. (ed.), *Letters of King James*, University of California, 1984.
Westcott, A. (ed.), *New Poems of James I of England*, New York, 1966.

Sekundärquellen

Shakespeare
Bennell, M., and Wyatt, I., *Shakespeare's Flowering of the Spirit*, Lanthorn Press, 1971.
Bradbrook, M., «Origins of Macbeth», *MacMillan Casebook on Macbeth*, ed. John Wain, Macmillan, 1969.
Granville-Barker, H., *Prefaces to Shakespeare*, Vol. VI, Batsford 1974.
Hiebel, F., *Das Drama des Dramas*, Dornach, 1984.
Holden, A., *William Shakespeare*, Little, Brown & Co., 1999.
Hughes, T., *Shakespeare and the Goddess of Complete Being*, Faber, 1993.
Jack, J.H., «Macbeth, King James and the Bible», *Journal of English Literary History*, 1975.
Kernan, A., Shakespeare, *The King's Playwright, Theatre in the Stuart Court 1603–1613*, Yale, 1995.
Kernan, A., «Othello: an Introduction», *Modern Shakespearean Criticism*, New York, 1970.
Lever, J.W., *Introduction to Measure for Measure*, Arden, 2001.
Marcus, L., «Cymbeline and the Unease of Topicality», *Shakespeare and the Last Plays*, ed. Ryan K., Longman, 1999.
McGuire, P., *Shakespeare, The Jacobean Plays*, MacMillan, 1994.
Michell, J., *Who Wrote Shakespeare?* Thames and Hudson, 2000.
O'Connor, J., *Shakespearean Afterlives, Ten Characters with a Life of Their Own*, Icon, 2003.
O'Meara, J., *Prospero's Powers*, Heart's Core, Ottawa, 2000.
Paul, H., *The Royal Play of Macbeth*, MacMillan, 1950.
Ryan, K., *Shakespeare and the Last Plays*, Longman, 1999.
Sohmer, S., «The Lunar Calendar of Shakespeare's King Lear», *Early Modern Literary Studies*, 5. 2, September 1999.
Southworth, J., *Shakespeare, The Player*, Sutton, 2000.
Wain, J. (ed.), *MacMillan Casebook on Macbeth*, Macmillan, 1969.
Walton Williams, G., «Macbeth, King James's Play», *South Atlantic Review*, 47. 2, 1982.

Bacon
Dawkins, P., *Francis Bacon, Herald of a New Age,* Francis Bacon Research Trust, 1997.
Dawkins, P., *The Master* (Part One), FBRT, 1993.
Dawkins, P., *Dedication to the Light*, FBRT Journal, Series 1, Volume 3.

Henry, J., *Knowledge is Power, How Magic, the Government and an Apocalyptic Vision Inspired Francis Bacon to Create Modern Science,* Icon, 2002.
Lomas, R., *The Invisible College, The Royal Society, Freemasonry and the Birth of Modern Science,* Headline, 2002.

James I

Bevington & Holbrook (eds.), *The Politics of the Stuart Court Masque,* CUP, 1998.
Bingham, C., *James I of England,* Weidenfeld and Nicholson, 1981.
Fraser, A., King James, Weidenfeld and Nicholson, 1974.
McElwee, W., *The Wisest Fool in Christendom,* Faber, 1958.
Stewart, A., *The Cradle King, A Life of James VI and I,* Chatto and Windus, 2003.
Watson, G., *Bothwell and the Witches,* Robert Hale, 1975.
Williams, C., *James I,* Arthur Barker, 1934.

Andere Quellen

Bei den Werken R. Steiners wird die Nummer der Gesamtausgabe angegeben.
Bald, R.C., *John Donne, A Life,* Clarendon Press, 1970.
Barfield, O., *Romanticism Comes of Age,* Wesleyan, 1986.
Boardman, T., *Mapping the Millennium, Behind the Plans of the New World Order,* Temple Lodge, 1995.
Bock, E., *Könige und Propheten,* Urachhaus, Stuttgart 6. Aufl. 1997.
Brown Jnr. T., *Tom Brown's Field Guide to Nature Observation and Tracking,* Berkley, 1983.
Chambers, E., *Elizabethan Stage,* Vol 2, Clarendon Press, 1961.
Cooper-Oakley, I., *The Count of Saint Germain,* Garber, 1988.
Dawkins, P., *Building Paradise, The Freemasonic and Rosicrucian Six Days Work,* Francis Bacon Research Trust, 2001.
Day, C., *Consensus Design,* Architectural Press, 2003.
Edmunds, F., *The Quest for Meaning,* Continuum, New York, 1997.
Evans, J., *Rudolf II and his World, A Study in Intellectual History,* 1576–1612, CUP, 1973.
Gilbert, A., *The New Jerusalem,* Bantam, 2002.
Godwin, J., *Robert Fludd, Hermetic Philosopher and Surveyor of Two Worlds,* Thames and Hudson, 1979.

Hancox, J., *Kingdom for a Stage, Magicians and Aristocrats in Elizabethan Theater*, Sutton, 2001.
Hancox, J., *The Byrom Collection*, Jonathan Cape, 1992.
Jonson, Ben, *The Complete Masques*, ed. Orgel, S., Yale, 1986.
Kleeberg, L., *Wege und Worte, Erinnerungen an Rudolf Steiner*, Rudolf Geering, Basel, 1928.
McIntosh, C., *The Rosicrucians, The History, Mythology and Rituals of an Esoteric Order*, Samuel Weiser, 1998.
New English Bible, Oxford and Cambridge, 1970.
Prokoffief, S., *Die geistigen Aufgaben Mitteleuropas und Osteuropas*, Verlag am Goetheanum, Dornach 1993.
Rygg, K., *Masqued Mysteries Unmasked*, Pendragon Press, 2000.
Sease, V., und Schmidt-Brabant, M., *Geheimnisse des Christentums*, Verlag am Goetheanum Dornach 2002.
Stein, W.J., *Der Tod Merlins*, Verlag am Goetheanum, Dornach 1984.
Steiner, R., *Wo und wie findet man den Geist?*, GA 59.
Steiner, R., *Die Tempellegende und die Goldene Legende*, GA 93.
Steiner, R, *Das esoterische Christentum*, GA 130.
Steiner, R., *Das Markus-Evangelium*, GA 139.
Steiner, R., *Gegenwärtiges und Vergangenes im Menschengeiste*, GA 167.
Steiner, R., *Weltwesen und Ichheit*, 169.
Steiner, R., *Zeitgeschichtliche Betrachtungen – Das Karma der Unwahrhaftigkeit*, Bd. 1 und 2, GA 173 und 174.
Steiner, R., *Die geistigen Hintergründe des Ersten Weltkriegs*, GA 174b.
Steiner, R., *Die spirituellen Hintergründe der äußeren Welt – Der Sturz der Geister der Finsternis*, GA 177.
Steiner, R., *Geschichtliche Symptomatologie*, GA 185.
Steiner, R., *Esoterische Betrachtungen karmischer Zusammenhänge*, Bd. 2, GA 236.
Steiner, R., *Zeitgeschichtliche Betrachtungen – Das Karma der Unwahrhaftigkeit*, Bd. 1 und 2, GA 173 und 174.
Strong, R., *Britannia Triumphans*, Walter Neurath Memorial Lectures, 1980.
Wallace-Murphy & Hopkins, *Rosslyn*, Element Books, 1999.
Walton, I., *Life of Donne*, London, 1640.
Yates, F.A., *Giordano Bruno and the Hermetic Tradition*, University of Chicago Press, 1991.
Yates, F.A., *The Art of Memory*, Penguin, 1978.
Yates, F.A., *The Rosicrucian Enlightenment*, Routledge, 1972.
Yates, F.A., *Theatre of the World*, Routledge, 1987.
Yeats, W.B., *A Vision*, MacMillan Papermac, 1981.

Nachweis der Abbildungen

1. Der Evangelist Markus, Holztafel von Meister Theodorich, Schloss Karlstein, Kreuzkappelle, 1360–1364.

2. Jakob VI. von Schottland im Jahre 1595, im Alter von 29 Jahren, von Adriaen Vanson.
   (Mit freundlicher Genehmigung der Scottish Portrait Gallery.)
   Das Zitat stammt aus: *Geschichtliche Symptomatologie*, Vortrag vom 19.10.1918, GA 185.

3. Jakob I. von England, 1621, von Daniel Mytens.
   (Mit freundlicher Genehmigung der National Portrait Gallery, London.)
   Das Zitat stammt aus: *Geschichtliche Symptomatologie*, Vortrag vom 19.10.1918, GA 185.

4. Porträt von Francis Bacon, Ausschnitt.
   (Aus: *The Advancement of Learning*.)

5. Porträt von König Jakob (1615), Ausschnitt aus einem Buntglasfenster.
   (Mit freundlicher Genehmigung der Trustees of the National Museums of Scotland.)

6. Büste von William Shakespeare.
   (Mit freundlicher Genehmigung des Shakespeare Institute, University of Birmingham; © University of Birmingham.)

7. Statue von Jakob Böhme in Görlitz, Polen. Das Zitat stammt aus: Ernst Lehrs, *Rosicrucian Foundations of the Age of Natural Science*, p. 3.

8. Jakob Balde, Ausschnitt. Aus: *Carmina Lyrica*, 1844.

9. Jakob Böhme, Ausschnitt. Frontispiz aus *Theosophia Revelata*.
   (Mit freundlicher Genehmigung der städtischen Sammlungen für Geschichte und Kultur Goerlitz/Oberlausitzische Bibliothek der Wissenschaften.)

10. Jakob I., Ausschnitt aus Abb. 3.
    (Mit freundlicher Genehmigung der National Portrait Gallery, London.)

11. Sir Francis Bacon, von Paul van Somer, um 1618. Ausschnitt.
    (Aus der Gorhambury Collection. Photo: Photographic Survey, Courtauld Institute of Art.)

12. William Shakespeare, John Taylor zugeschrieben. Ausschnitt.
    (Mit freundlicher Genehmigung der National Portrait Gallery, London.)
    Zitat aus: Adalbert Graf Keyserlingk (Hg.) *Koberwitz – Geburtsstunde einer neuen Landwirtschaft*, Stuttgart 1974, S. 55.

13. Frontispiz zu Shakespeares *First Folio*, 1623. William Blake sagte über dieses Bildnis zu Crabb Robinson: «Ich sprach erneut über die Gestalt der Leute, die ihm [Blake] erschienen, und fragte ihn, weshalb er sie nicht zeichnete. ‹Das lohnt sich nicht, es gibt so viele (...) Was Shakespeare anbetrifft, so sieht er genau wie auf dem alten Stich aus, der als schlecht bezeichnet wird. Ich finde, es ist ein sehr guter Stich.›»
    (Aus: *Diary, Reminiscences & Correspondence*, Henry Crabb Robinson, AMS Press, New York, 1967, Vol. 2, p. 15.)

14. Frontispiz zu Francis Bacons *Of the Advancement and Proficiencie of Learning*, 1640. (Übersetzung aus Bacons Werk *De Dignitate et Augmentis Scientarium*, 1623.)

15, 16. Doppel-Frontispiz zu *The Workes* von König Jakob, 1616.

17. Weihnachtsgruß an Jakob I. von Michael Maier (1612).
    Zeichnung von Adam McClean.
    (Mit freundlicher Genehmigung von Adam McClean.)

18. Aus *Naometria* von Simon Studion (1604).
    (Von einem Mikrofilm eines Originals im Warburg Institute, London.)

19. Psalm 46, König-Jakob-Bibel, (1611).
    (British Library Nr. C35113(1)f.Ddd3r.)
    (Mit freundlicher Genehmigung British Library.)

20. Shakespeares *Globe Education Broschüre*, 2003.
    (Mit freundlicher Genehmigung des International Shakespeare Globe Centre.)

Danksagung

Den folgenden Persönlichkeiten möchte ich meinen Dank aussprechen: *John O'Meara* dafür, dass er das Buch begleitete, mit editorischen Ratschlägen half und mich ursprünglich dazu anregte, es überhaupt niederzuschreiben; *Terry Boardman* für die aufmerksame Begleitung der Arbeit und seine Ermutigung, das Ganze zu veröffentlichen; *Sevak Gulbekian* von Temple Lodge Publishing dafür, dass er das Buch zur Welt gebracht hat; *Francis und Elizabeth Edmunds* dafür, dass sie ein Feuer entfacht und eine Frage weitergegeben haben; *Alok Ulfat* für viel Ermutigung und seine andauernde Forderung: «Freiheit, Verantwortlichkeit, Ästhetik»; *den Menschen von Park Atwood Clinic*, die mich als Erste einluden, über Shakespeare zu reden; *Andrew Wolpert*, der einen Artikel verlangte; *ihm und Sarah Kane* für drei aufeinander folgende Konferenzen über diese Themen im Emerson College, *und allen ihren Teilnehmern; der Humanities Section* der Freien Hochschule für Geisteswissenschaft, die mich einlud, an zwei Sommertagungen (2002 und 2003) über Jakob I. zu sprechen. Und *allen Teilnehmern*, die meiner Darstellung mit Offenheit begegneten, wie auch jenen, die skeptisch waren, beide waren anregend; *James de Candole, Rolf Speckner, Harald Hamre, Johannes Kiersch* und *einer Dame aus Görlitz*, die mir wertvolle Bilder und Hinweise gesandt hat; *der verstorbenen Gillian Dickinson* für eine Schenkung, die meine Arbeit – deren Resultat sie hoffentlich billigt – sehr erleichtert hat; *meinen Eltern* für ihre Hilfe mit einem Schlüsselbild und anderem großzügigem Beistand; *Margaret Jonas* und *Francesca Josephson*, den stets hilfsbereiten, computerfreien Bibliothekarinnen, und *dem Personal der British Library*; *Sally Parks* und *Paul Schnellmann* für ihre Expertise und ihre Hilfe beim Abtippen und mit Bildern; *den schlimmen Seiten einer traditionellen englischen Erziehung* dafür, dass ich das Problem erkannt habe; *Elizabeth und Mary*, die so geduldig und so liebevoll von der einen und der anderen Seite aus gewacht haben.

Zum Autor

Richard Ramsbotham (geb. 1962) ist Schriftsteller und im Theater tätig. Er lebt bei Birmingham. Ramsbotham studierte an der Cambridge University, im Emerson College und an der *Artemis Schule* für Sprachgestaltung und Drama. Er hielt Vorlesungen über englische Literatur an der Universität von Warschau (1989–1993) und arbeitete als Schauspieler und Verfasser mit der Rose Theatre Company. Er ist Herausgeber der *New Selected Poems of Vernon Watkins* (Carcanet 2006) und leitet *Amador*, ein Unternehmen für Theater, Erziehung und Forschung (www.amador.co.uk).

Nachwort des Autors zur deutschen Ausgabe

In den drei Jahren seit dem Erscheinen von *Who Wrote Bacon?* in englischer Sprache hat die Debatte um die Autorschaft von Shakespeares Werken nicht nachgelassen. In Anbetracht dieser Tatsche begrüße ich die Gelegenheit, der deutschen Ausgabe ein paar Bemerkungen hinzuzufügen.

So entdeckte ich zum Beispiel die richtige Lesart und Übersetzung der Weihnachtsbotschaft Michael Maiers an Jakob I. (Abb. 17) erst *nach* Erscheinen des Buches. Es scheint mir angebracht, der deutschen Übersetzung von *Who Wrote Bacon?* diesen Ausdruck englisch-deutscher Freundschaft beizufügen.

Die Großbuchstaben innerhalb der achtblättrigen Rosenform lauten, von links nach rechts gelesen: «VIVE JACOBE DIV REX MAGNE BRITTANICE SALVE TEGMINE QUO VERRE SIT ROSA LAETA TUO», was übersetzt heißt: «Heil und langes Leben sei Jakob, dem göttlichen König Großbritanniens; möge unter Seinem Schutz die Rose wahrhaft fruchtbar sein.»[1]

Nach der Publikation von *Who Wrote Bacon?* wurde das Buch besonders von zwei Seiten stark angegriffen. Ein Bacon-Anhänger beschuldigte mich via E-Mail und kritisierte die Tatsache, dass ich in meinem Buch nicht auf Dinge eingegangen war, welche seiner Meinung nach «beweisen», dass *Bacon* Shakespeare geschrieben habe. Dies regte mich zu weiteren Nachforschungen an, die für mich sehr lehrreich waren, obwohl sie nicht zu dem Ergebnis führten, das der Bacon-Anhänger erhofft hatte. Eines dieser «Beweisstücke» ist *Bacons Promus*[2], eine Sammlung von Sätzen, die angeblich von Bacon aufgezeichnet worden sind, von denen einige Ähnlichkeiten mit von Shakespeare verwendeten Sätzen aufweisen. Die gemeinsame Inspirationsquelle Bacons und Shakespeares, auf die in meinem Buch eingegangen wird, ist meiner Meinung nach allein in der Lage, ein Licht auf solche Ähnlichkeiten zu werfen.

Einen anderen «Beweis» für die Bacon-Anhänger stellen einige Zeilen von zwei elisabethanischen Autoren, Hall und Marston, dar, welche angeblich auf Bacon als den wahren Autor von Shakespeares *Venus und Adonis* deuten. Bedauerlicherweise machen sich Bacon-Anhänger aber selten die Mühe, diese Zeilen in ihrem vollständigen ursprünglichen Zusammenhang zu lesen, wo sie so weit voneinander entfernt auftreten, dass sie unmöglich das Gewicht einer solchen Aussage zu tragen vermögen. Es kann hier nicht auf Einzelheiten eingegangen werden – ich habe das in einem unveröffentlichten Aufsatz getan –, aber die Worte von Hall und Marston können für keinen unvoreingenommenen Forscher auch nur annähernd als Nachweis Baconscher Urheberschaft gelten.

Ein weiterer «Beweis» für die Bacon-Anhänger ist das Titelblatt des «Northumberland-Manuskripts» – auf welchem sich sowohl die Namen von Francis Bacon als auch von William Shakespeare befinden, nebst den Titeln einiger früher Aufsätze Bacons und den Titeln zweier Dramen Shakespeares – *Richard II* und *Richard III*. Das könnte als Nachweis dafür angesehen werden, dass sich Shakespeare und Bacon in einem gewissen Moment in faszinierender Nähe zueinander befunden haben könnten, aber ganz bestimmt ist es kein Beweis dafür, dass Bacon Shakespeare verfasst hat. Viele voreilige und vereinfachende Schlüsse sind aus diesem Dokument gezogen worden, nicht nur von Seiten der Bacon-Anhänger, sondern in jüngster Zeit auch in einem viel besprochenen Buch, in welchem behauptet wird, Sir Henry Neville, ein Vetter Bacons, sei der wahre Autor der Werke Shakespeares gewesen.[3]

Die zweite Richtung, aus welcher *Who Wrote Bacon?* angegriffen worden ist, ist möglicherweise noch beunruhigender. In einer Rezension in *The Independent on Sunday*[4] wurde das Buch stark kritisiert, einerseits, weil es der Perspektive Rudolf Steiners so große Bedeutung beimisst, und andererseits, weil es sich auf Francis Bacon als mutmaßlichen Autor und nicht auf Edvard de Vere, den 17. Grafen von Oxford, konzentriert.

Das Auftreten von Edward de Vere als Kandidat in der Urheberschaftsfrage verdient zweifellos unsere Aufmerksamkeit. De Veres Anwartschaft wird sowohl intellektuell als auch finanziell von höchster Stelle unterstützt. Die Idee wurde zum ersten Mal 1920 von J. Thomas Looney vertreten, einem Anhänger des Comteschen Positivismus. Die Sache des Grafen von Oxford wurde später in den USA aufgegriffen. 1952 wurde das Buch *This Star of England* veröffentlicht, gemeinsam verfasst von Charlton und Dorothy Ogburn, einem Spezialisten für Körperschaftsrecht und einer Autorin von Kriminalromanen. Beide reichten den Oxfordschen Staffettenstab an ihren Sohn, Charlton Ogburn, weiter, der im Zweiten Weltkrieg für den amerikanischen Militärgeheimdienst und später im Außenministerium gearbeitet hatte. Später gab er diese Arbeit auf, um sich ganz der Schriftstellerei zu widmen. Über sich selbst machte er die folgende aufschlussreiche Aussage: «Außenpolitik war eines der vielen Gebiete, zu denen er – teilweise in Romanform – beigetragen hat.»[5] 1984 gab er das vielleicht einflussreichste Buch über Oxford heraus: *The Mysterious William Shakespeare: The Myth and the Reality* («Der geheimnisvolle William Shakespeare: Mythos und Wirklichkeit»).

Im September 1987 wurde in Washington eine Volksgerichtsdebatte veranstaltet, um zwischen den jeweiligen Ansprüchen des Grafen von Oxford und William Shakespeares zu entscheiden. Drei Richter des Obersten Gerichtshofes fungierten als Schiedsrichter und Charlton Ogburn trug zur Debatte bei. Die Entscheidung fiel zugunsten William Shakespeares aus; sie wurde im Fernsehen übertragen und gab am nächsten Tag die Schlagzeilen für die *New York Times* ab. Die *New York Times* hat seither konsequent die Anwartschaft des Grafen von Oxford vertreten, besonders durch die Artikel von William S. Niederkorn, dessen Identität nicht ganz durchsichtig ist. Diese Veranstaltung beeinflusste den Grad der Aufmerksamkeit, die der Oxford-These seither geschenkt worden ist, sehr stark. Einer der Sponsoren der Volksdebatte war der Washingtoner Geschäftsmann und ehemalige Vizepräsident der Historischen Gesellschaft des Obersten Gerichtshofes, David Lloyd Kreeger. Alle drei Richter des Obersten Gerichtshofes äußerten sich positiv über die Oxford-These, und einer von ihnen, Richter Harry Blackmun, soll sich folgendermaßen geäußert haben: «Wenn ich heute zu entscheiden hätte, würde ich mich für die Oxfordianer entscheiden.»[6]

1994 erschien ein neues Buch von Richard F. Whalen mit dem Titel: *Shakespeare – Who Was He? The Oxford Challenge to the Bard of Avon* («Shakespeare – Wer war er? Die Oxfordsche Herausforderung an den Barden von Avon»), mit einer Einleitung von Paul Nitze[7]. Es besteht zweifellos eine Beziehung – ich bin mir nicht sicher, welcher Art – zwischen Richard F. Whalen und Richard J. Whalen, der zusammen mit Paul Nitze Mitglied des «American Council of Foreign Relations» war.

All dies trägt nur allzu deutlich die Signatur der Bacon-Auffassung, die ich in meinem Buch hinterfragt habe. Wir begegnen auch hier einem Standpunkt, der stark von bestimmten Machtgruppierungen innerhalb der angloamerikanischen Welt sowohl publizistisch als auch finanziell unterstützt wird. Genauso wie im Falle von Francis Bacon wird auch hier der Anspruch erhoben, dass die Werke Shakespeares von einer aus vornehmer Familie stammenden Person geschrieben worden sein müssen, die selber zu diesen Eliten von Macht und Wissen gehört haben muss, weshalb die Werke Shakespeares unmöglich von dem Schauspieler Shakespeare geschrieben worden sein können. Und ebenso wie behauptet wird, dass Bacon der uneheliche Sohn der Königin Elisabeth gewesen sei, so soll Oxford der Liebhaber der Königin und das uneheliche Kind der beiden der Graf von Southampton gewesen sein. Dieser Standpunkt der angloamerikanischen Elite ist uns nur allzu gut bekannt – oder sollte es wenigstens sein. Interessanterweise war der Mentor des jungen Oxford Sir Thomas Smith, der in viele machtpolitischen Aspekte der englischen Außenpolitik unter Jakob I., besonders in Russland, tief verwickelt war. (In seiner russlandfeindlichen Haltung während des Kalten Krieges kann Paul Nitze als ein wahrer Erbe von Sir Thomas Smith angesehen werden.)

Glücklicherweise finden wir bei Shakespeare selber das Gegenmittel für diese Einstellung. Shakespeares eigener Weg, welcher im *Sturm* gipfelt, führt zur Entsagung von der Macht, zu einem neuen Anfang, der nichts mit Vererbung und Blutsverwandtschaft zu tun hat, und zu einer erneuten Beziehung zwischen der Inselwelt des Westens und dem europäischen Festland. Rudolf Steiner beschreibt in tiefgründigen Worten die erlösenden Kräfte für den Westen, die in Shakespeare leben, wenn er denjenigen Aspekt von Jakob I. beschreibt, welcher «durch unterirdische Kanäle in Verbindung mit der ganzen übrigen europäischen Kultur» steht (siehe S. 33). Man denkt unwillkürlich an Jakob Böhme, dessen Beitrag später in den Werken u.a. von Hegel, Schelling, Goethe, Novalis (und von Coleridge und Blake in England) Früchte getragen hat; man denkt ferner an das echte Rosenkreuzertum und an die Anthroposophie oder Geisteswissenschaft, sowie an die tiefe Verwandtschaft, die zwischen den echtesten Früchten der westlichen Kultur, wie Shakespeare oder Blake, und diesen tiefsten geistigen Strömungen besteht, die durch die mitteleuropäische Kultur fließen.

In diesem Licht betrachtet ist es nicht ohne Bedeutung, dass zwei Artikel erschienen sind[8], beide im Internet, von denen einer auch in der anthroposophischen Zeitschrift *Die Drei* veröffentlicht worden ist, die den Standpunkt vertreten, dass der Gesichtspunkt dieses Buches auf einem Irrtum beruhen müsse, da Steiners Ansicht eher Edward de Vere als den wirklichen Autor Shakespeares zu unterstützen scheine.

Da dieses Buch in gewisser Hinsicht eine Untersuchung und Erweiterung von Rudolf Steiners Perspektive in Bezug auf die Frage der Urheberschaft Shakespeares darstellt – eine Perspektive, die noch kaum begonnen hat, ernst genommen, geschweige denn anerkannt zu werden –, soll hier kurz auf die beiden Artikel eingegangen werden.

Steiners früheste Äußerung, die im ersten Kapitel diese Buches zitiert wird, kann unmöglich auf den Grafen von Oxford zutreffen:

«Ein Zeugnis für die Autorschaft Shakespeares sind seine Werke selbst. Seine Dramen sprechen davon, dass sie von einem Manne geschrieben sind, der das Theater auf das Genaueste kannte, für die schauspielerische Wirkung das feinste Verständnis hatte (...) *Es gibt keine Dramen in der ganzen Weltliteratur, die so sehr vom schauspielerischen Standpunkt aus gedacht sind.* Das sichert dem Schauspieler Shakespeare den Ruhm, diese Dramen gedichtet zu haben. (Siehe S. 23, Hervorhebung RR.)

Edward de Vere, Graf von Oxford, starb im Jahre 1604. Selbst Oxfordianer sind nicht der Meinung, dass Oxford nach dem Jahre 1603, in dem Jakob I., den Thron bestieg, noch Dramen verfasst hat. Die Oxfordianer haben ihre eigene Zeittafel entwickelt, um diese Anomalie zu erklären, und zu ihrer eigenen Zufriedenstellung erklären sie eine ganze Anzahl von Anspielungen auf das Tagesgeschehen nach dem Jahre 1603 innerhalb der Dramen einfach hinweg. Sie tun sich damit etwas schwer, da allen anderen Zeittafeln gemäß alle Shakespeareschen Tragödien, mit Ausnahme von *Hamlet* und den Spätdramen, *nach* Jakobs I. Thronbesteigung im Jahre 1603[9] geschrieben worden sind. Es ist hier nicht meine Absicht, die Unüberzeugbaren von der Unmöglichkeit ihrer Datierung zu überzeugen. Sollte jemand aber versuchen, den Oxfordschen Gesichtspunkt als mit Steiners Einsicht in die Autorschaftsfrage als vereinbar darzustellen, dann muss die Antwort darauf entschieden lauten: «Nein, das ist er nicht!»

Rudolf Steiners Darstellung des hinter Shakespeare stehenden inspirierenden Eingeweihten, des sogenannten «lästigen Patrons», ist exakt und ausführlich. Dieser Eingeweihte lebte «zu der Zeit, in der auch Shakespeare und Bacon tätig waren». Im dritten Kapitel wird dargestellt, dass jedes einzelne Schauspiel, mindestens von *Measure for Measure* an, selbst äußerlich gesehen, bemerkenswerte Zeichen des Einflusses von Jakob I. aufweist. Manche Stücke, zum Beispiel *Measure for Measure, Macbeth* und *Cymbeline,* sind so von seinem Einfluss durchtränkt, dass eine andauernde intensive Debatte darüber besteht, wie solch ein Einfluss zu erklären ist. Im Lichte von Rudolf Steiners Einsicht in diesen Zusammenhang würde dieses Thema ein fruchtbares Forschungsgebiet für diejenigen abgeben, die gewillt und in der Lage sind, sich dieser Frage zu widmen.

Die Tatsache, dass Edward de Vere 1604 starb, schließt ihn einfach von der Möglichkeit aus, alle späten Tragödien und alle späten Dramen in der inspirierenden Nähe und Gegenwart Jakobs I. sowie unter seiner Schirmherrschaft geschrieben zu haben. Das sollte eigentlich selbstverständlich sein. In der Zeitschrift *Die Drei* stellt Hanno Wember jedoch die Behauptung auf, dass mein Buch unrecht habe, da Jakob I. zwar sehr wohl den Grafen von Oxford, nicht aber Shakespeare gekannt habe. Selbstverständlich war Jakob I. mit einem Grafen aus einer der «führenden» englischen Familien bekannt, zumindest zwischen 1603, als Jakob in England ankam, und dem Jahre 1604, in dem Oxford starb. Die Behauptung jedoch, dass Jakob Shakespeare *nicht* gekannt habe, legt die Vermutung nahe, dass Wember mein Buch nicht gelesen hat. Schon allein äußerlich sind uns viele Anlässe bekannt, die Jakob und Shakespeare zusammengeführt haben. Im Jahre 1603 wurde Jakob zum Wilton House gebracht, wo er *As You Like It* gesehen hat, nachdem ihm gesagt worden war: «Wir haben den Herrn Shakespeare bei uns» (siehe Kap. 6, Anm. 48). Es ist auch ein klares Zeugnis von wenigstens einem Brief von Jakob I. an William Shakespeare erhalten, obwohl uns der Inhalt nicht bekannt ist: «Dem sehr gelehrten Prinzen, einem großen Förderer der Gelehrsamkeit, König Jakob dem Ersten, hat es gefallen, mit eigener Hand einen freundlichen Brief an Herrn Shakespeare zu schreiben; dieser Brief, obwohl nun verschollen, befand sich lange Zeit in den Händen von Sir William D'avenant, wie eine noch lebende glaubwürdige Person bezeugen kann.»[10] Shakespeare hat auch die Widmungsworte unter das Porträt von Jakob in seinen «Werken» geschrieben. (Siehe Abb. 15.) Hinzu kommt noch besonders die Tatsache, dass Shakespeares Schauspielertruppe innerhalb von zehn Tagen nach Jakobs' Ankunft in England die Zusage königlicher Schirmherrschaft erhielt und dass eine große Anzahl der Stücke Shakespeares eigens für den König aufgeführt worden sind. Der ganze Rest meines Buches macht übrigens deutlich, dass diese äußeren Nachweise ihrer Beziehung lediglich als die Spitze eines «gigantischen» – ein Wort, mit dem Rudolf Steiner Jakob I. umschreibt – Eisberges angesehen werden müssen.

Im Zusammenhang mit dem «gigantischen Geist» von Jakob I. gibt es noch eine weitere Bemerkung über ihn, die mir bereits im Jahre 2004 bekannt war, welche aber seither meine Aufmerksamkeit immer mehr beschäftigt hat. In einem Roman über Frances, den Grafen von Bothwell[11], den komplexen und umstrittenen Vetter von Jakob VI. von Schottland (Jakob I. von England), stellt Hildegard Wiegand eine Szene mit drei Altären in der geistigen Welt dar: Einer von ihnen versinnbildlicht den Gral, einer die Rosenkreuzer und einer die Templer. Die Individualität, welche neben diesem letzteren Templaraltar steht, wird von Wiegand als Jakob I. bezeichnet.

Wiegand soll dieses Bild angeblich von Rudolf Steiner[12] erhalten haben, obwohl meines Wissens kein Beweis für diese Behauptung erbracht worden ist. Wo immer es jedoch herrühren mag, es ist jedenfalls ein Bild, das nähere Aufmerksamkeit verdient. Es ist in dem Zusammenhang sehr bemerkenswert, dass Thomas Meyer ohne mein Wissen den 700. Jahrestag der Verhaftung der Templer am 13. Oktober 2007 als das Datum des Erscheinens dieser deutschen Übersetzung von *Who Wrote Bacon?* gewählt hat.

Hierfür und besonders für die Übersetzung und Herausgabe des Buches möchte ich Thomas Meyer und dem Perseus Verlag meinen herzlichen Dank aussprechen.

1. In: *The Chemical Theatre*, Charles Routledge, London, 1980, p. 260. Eine vollständige Übersetzung von Maiers Weihnachtsgruß ist in *A Rosicrucian Manuscript of Michael Maier*, von Adam McClean, in: *Hermetic Journal*, Nr. 5, Herbst 1979, S. 4–7, zu finden.
2. Potts, H. (ed.), *The Promus of Formularies and Elegancies, being private notes circa 1594*. London, 1883.
3. *The Truth Will Out – Unmasking the real Shakespeare*, Brenda James und William Rubinstein, Longman, 2005.
4. *Independent on Sunday*, 4. July 2004 von Murrough O'Brien.
5. «About the Author» in: *The Man who was Shakespeare)*, EPM Publications, Virginia, 1995.
6. Einleitung zur zweiten Auflage von: *The Mysterious William Shakespeare: The Myth and the Reality*.
7. Von 1971 bis 1961 diente Nitze als Associate des Zentrums für außenpolitische Forschung. Zu seinen Publikationen gehört *U.S. Foreign Policy: 1945–1955*. Im Jahre 1961 ernannte Präsident Kennedy Nitze zum stellvertretenden Verteidigungsminister für Internationale Sicherheit. Nitze war über vierzig Jahre lang einer der Hauptarchitekten der amerikanischen Politik gegenüber der Sowjetunion. (Aus Nitzes Biographie auf *Wikipedia*.)
8. «Shakespeare – Wer führte die Feder?», Alan Stott. «Auf der Suche nach der Biografie von Shakespeare», Hanno Wember, in: *Die Drei, 07,2007*.
9. Von allen Oxfordianern war Thomas Looney als einziger ehrlich genug, zuzugeben, dass zumindest *Der Sturm* nicht vor 1604, dem Todesjahr von Oxford, geschrieben sein konnte. Er erklärte daher kühn, dass *der Sturm* nicht von Shakespeare stammt, dass das Stück von niedrigerer Qualität als das übrige Werk Shakespeares sei, besonders weil die ganze darin vertretene Einstellung nicht als eine «positivistische» angesehen werden könne.
10. Aus Bernard Lintots Ausgabe von 33 Gedichten von Shakespeare im Jahre 1707. Die «glaubwürdige Person» war anscheinend John Sheffield, Herzog von Buckingham. Dies wird dargestellt in *William Shakespeare, Bd. II, von Sir Edmund Chambers* (S. 280–281), und zitiert in: *The Royal Play of Macbeth*, von Henry Paul, New York, 1978, S. 412f.
11. *Der Kampf gegen den Tarnhelm*, von Hildegard Wiegand, Orient-Occident-Verlag, Stuttgart/London, 1930.
12. In *Geheimnisse des Christentum – Alte und neue Mysterien* von Virginia Sease und Manfred Schmidt-Brabant, 9. Vortrag, S. 152.

AUS DEM PERSEUS VERLAG BASEL

Andreas Bracher:

Europa im amerikanischen Weltsystem

Bruchstücke zu einer ungeschriebenen Geschichte des 20. Jahrhunderts

Aus dem Inhalt:
Das anglophile Netzwerk – Carroll Quigleys Enthüllungen zur anglo-amerikanischen Politik / «Schädel und Knochen» an der Wall Street – Anthony C. Sutton und die Hintergründe der amerikanischen Weltpolitik im 20. Jahrhundert / Jean Monnet – «Vater eines vereinten Europa» / Nationalsozialismus, Antifaschismus und Anthroposophie – Scheinbare Ähnlichkeiten, wirkliche Gegensätze / «Auschwitz» als negativer Glaube / Menschenrechte und ihre Propagierung / usw.

3. Auflage, 185 S., brosch., Fr. 34.– / € 19.80
ISBN 3-907564-50-2

Alle Bücher im Buchhandel!

Aktuelle Informationen (Erscheinungstermine usw.) entnehmen Sie bitte der Zeitschrift *Der Europäer* oder den Internet-Seiten des Perseus Verlags Basel unter **www.perseus.ch**.

AUS DEM PERSEUS VERLAG BASEL

Carroll Quigley:

Katastrophe und Hoffnung

Eine Geschichte der Welt in unserer Zeit

Carroll Quigley (1910–1977) war vielleicht der überragendste amerikanische Historiker des letzten Jahrhunderts. Professor an der Georgetown University in Washington war er u.a. Lehrer Bill Clintons. Sein Hauptwerk *Tragedy and Hope* ist ein legendäres Buch. In seiner Durchleuchtung der Aktivitäten und Verbindungen der englischen und der amerikanischen Oberschicht und des internationalen Finanzkapitalismus legte er Dimensionen des internationalen Geschehens offen, ohne die das 20. Jahrhundert wohl kaum verständlich wird. *Tragedy and Hope* wird hier zum ersten Male in einer Auswahlausgabe auf Deutsch herausgegeben. Die Auswahl umfasst die relevanten Teile des Werks, die sich auf die Geschichte des Weltkriegszeitalters bis 1939 beziehen. Herausgegeben und übersetzt durch *Andreas Bracher*.

544 S., brosch., Fr. 47.–, € 32.–
ISBN 3-907564-42-1

Alle Bücher im Buchhandel!

Aktuelle Informationen (Erscheinungstermine usw.) entnehmen Sie bitte der Zeitschrift *Der Europäer* oder den Internet-Seiten des Perseus Verlags Basel unter **www.perseus.ch**.

AUS DEM PERSEUS VERLAG BASEL

Thomas Meyer (Hg.):

Der Briefwechsel
Ralph Waldo Emerson /
Herman Grimm

**und die Bildung von
Post-mortem-Gemeinschaften**

Der hier erstmals in deutscher Sprache veröffentlichte Briefwechsel zeigt etwas von der spirituellen Atlantikbrücke, die zwischen Europa und Amerika besteht und die heute von einer fragwürdigen wirtschaftlich-politischen Allianz verdeckt wird. Karmisch tief verbunden begegnen sich die Korrespondenten im vorgeschrittenen Alter in Florenz. Nach einer mündlichen Mitteilung R. Steiners bauten Emerson und Grimm nach dem Tod eine sich stetig erweiternde Geistgemeinschaft auf, zu der u.a. auch Bettina von Arnim, Alfred Lord Tennyson und der Geiger Joseph Joachim gehören. Mit einem Nachruf auf Emerson von Herman Grimm und Beiträgen von Friedrich Hiebel, F. M. Reuschle und Th. Meyer.

104 S., brosch. Fr. 24.– / € 16.–
ISBN 3-907564-43-X

Alle Bücher im Buchhandel!

Aktuelle Informationen (Erscheinungstermine usw.) entnehmen Sie bitte der Zeitschrift *Der Europäer* oder den Internet-Seiten des Perseus Verlags Basel unter **www.perseus.ch**.